RECONOCI|

"Todos sabemos que crear un gran lugar para trabajar es fundamental para el éxito a largo plazo de una empresa, pero ¿cómo logran realmente los gerentes hacer esto? El libro de Bob Lee proporciona dieciséis principios claros y concisos, además de una guía sobre cómo aplicarlos, para desarrollar la confianza de los colaboradores en cualquier industria o tipo de organización."

—Alex Edmans, professor de finanzas,
London Business School

"Este es el libro que todo gerente debe leer. Bob Lee destaca las dieciséis reglas que toda persona que tenga gente a cargo debe seguir para generar confianza dentro de sus equipos y organizaciones. En un lenguaje muy claro y directo, Lee encapsula las lecciones basadas en el estudio de la enorme base de datos de Great Place to Work, las mejores prácticas de gestión y sus más de quince años de entrevistas a líderes."

—Robert Levering, co-fundador, Great Place to Work

"Bob Lee ha escrito un libro muy necesario. Un libro que (finalmente) ayuda realmente a los líderes de todos los niveles a hacer bien su trabajo. El libro de Lee quita todas las mentiras académicas y de consultores sobre liderazgo y presenta a el liderazgo como debería ser: una lisa y llana interacción entre seres humanos. Las reglas de la confianza ofrece pautas fáciles y viables para que cada gerente actúe. Una gran ventaja es su duración: no tiene desperdicio. Es fácil y divertido de leer, por lo que también resulta ideal para los gerentes que generalmente no leen libros. Llevar el concepto de confianza al corazón del liderazgo es una decisión sabia y bien fundada, porque sin confianza, los líderes no tienen nada."

—Panu Luukka, fundador y diseñador de
culturas corporativas, Leidenschaft

"Las Reglas de la Confianza brinda una guía sucinta, inteligente y práctica sobre cómo crear un lugar de trabajo de alto rendimiento y confianza. Todos los líderes deben leer este libro y consultarlo a menudo."

—Michael Burchell, experto en soluciones para
organizaciones, McKinsey & Company

'El objetivo de crear una gran cultura de empresa a veces puede parecer desalentador. Las Reglas de Confianza de Bob Lee dividen el proceso en prácticas de gestión fáciles de entender que se pueden aplicar a diario para mejorar el entorno de trabajo. Es un libro que no solo da una sacudida inmediata de inspiración, sino que también sirve como una guía de referencia con ideas prácticas y recordatorios."

—Erin Moran, Chief Culture Officer,
Union Square Hospitality Group

"Las Reglas de la Confianza funciona en todos los niveles. Es simple, pero va al punto, se trata de una lectura fácil y reflexiva. Lo más importante es que brinda un contexto realista y en eso es diferente de otros libros. Es una gran lectura para líderes de todos los niveles porque funciona como un recordatorio poderoso para que hagamos las cosas bien".

—Garry McCabe, Director de Recursos Humanos,
Kuehne + Nagel

"Una lectura informativa y fácil. Siendo relativamente nuevo en el mundo de la gestión, recomiendo sumergirse en este libro. Todo el mundo va construyendo su propio estilo de liderazgo: si estás buscando el tuyo, encontrarás inspiración y una dirección clara, en estas páginas."

—Luke Taaffe, Supervisor,
Clontarf Castle Hotel

"Las Reglas de la Confianza es una guía práctica para gerentes en cualquier etapa de su carrera. En nuestro siempre cambiante lugar de trabajo, es inspirador leer un libro que enseña a los gerentes cómo liderar de una manera que abarque los valores perdurables que construyen y mantienen los grandes lugares para trabajar."

—Cheryl Naja, Director Ad honorem y
servicios a la comunidad, Alston & Bird

"Me encanta el enfoque de Bob sobre liderazgo. Las Reglas de la Confianza es un soplo de aire fresco, un conjunto de reglas simples y pragmáticas para aplicar a la relación entre los líderes y sus equipos, basadas en los principios de respeto, amabilidad, decencia y positividad. ¡Algo raro!".

—Colum Slevin, Ejecutivo de Entretenimiento y Tecnología

"Bob Lee comparte generosamente el libro de jugadas sobre cómo convertirse en un líder de clase mundial. Lleno de elementos reveladores y accionables que los líderes pueden comenzar a usar hoy mismo, Las Reglas de la Confianza brinda todas las herramientas necesarias para dirigir una fuerza de trabajo dinámica y diversa como la de hoy y en los niveles más altos."

—Alex Chung, autor del libro: *Highest Success*

"Hay que dar crédito a Bob Lee por crear uno de los mapas de ruta más perspicaces sobre cómo construir efectivamente la confianza en el lugar de trabajo y ganarse los corazones y las mentes de los empleados. Las dieciséis reglas que se presentan en su libro son un tesoro de principios rectores prácticos y valiosos que nutrirán un entorno laboral más saludable, agradable y productivo. Las Reglas de la Confianza es un libro convincente y útil para cualquiera que desee convertirse no solo en un buen líder sino en un excelente líder que busca construir un gran lugar para trabajar y ofrecer resultados de negocio excepcionales. ¡Las Reglas de la Confianza!"

—Ramiro Garces, consultor global en temas de RH, experto en temas de compromiso y conferencista

"El libro está lleno de energía Aprenderás en términos simples lo que se necesita para formar relaciones, generar confianza y crear equipos de alto rendimiento. Leer este libro es "una cosa simple" que puedes hacer para comenzar de inmediato a mejorar tus habilidades de liderazgo"

—Colin Wallace, head of HR services, Europe, Sanofi

"Las Reglas de Confianza viene a llenar un vacío, una introducción más legible acerca de cómo se construyen las sólidas relaciones de confianza con los colaboradores, las que son la piedra angular de una cultura organizacional realmente atractiva. Cualquier líder que aspire a desarrollar tales relaciones y culturas encontrará una guía invaluable en sus páginas."

—Colin Curran, vicepresidente de RH de
las operaciones globales, Teleflex

"No importa en qué industria o sector trabajes, la confianza es un factor clave para el éxito para quien tiene gente a cargo. En las Reglas de Confianza, Bob Lee guía al lector a través de dieciséis reglas para la creación de la confianza, que son simples y efectivas y que a su vez están basadas en ideas prácticas y sensatas. Cada regla se respalda con descripciones precisas e intuitivas de cómo sacar lo mejor de ti, de tus equipos y, en última instancia, del negocio. Es una guía imprescindible para cualquier gerente que desee desarrollarse personal y profesionalmente y forjar relaciones auténticas, de gran confianza, con impacto y duraderas. En las propias palabras de Lee, "el verdadero éxito comienza con saber quién eres realmente."

—Gary Keegan, London Business School
conferencista invitado, experto en culturas de alto
desempeño y consultor en temas de liderazgo

"Las Reglas de Confianza resalta la importancia de que los líderes tengan en cuenta sus conductas y sean conscientes del impacto que estas tienen en sus equipos. Es una buena herramienta para recordarnos que, fundamentalmente, el liderazgo se traduce en la habilidad para tratar a las personas con respeto y demostrando cuidado hacia ellas."

—Caroline Texier, EMEA program manager, Dell EMC

"Las Reglas de Confianza da en el blanco de una manera sencilla y directa. ¡Me encantó! El libro de Bob es para gerentes, líderes y altos ejecutivos. Pero más aún, sin embargo, es para la gente. Las personas que entienden que ser bueno y decente son prerrequisitos para liderar a los demás. Sus reglas encajan en el modelo Great Place to Work como un guante, y sirven como recordatorios de los principios simples, aunque a menudo olvidados, de un buen liderazgo."

—Hal Adler, CEO, Leadership Landing

"Lee ha escrito una guía práctica e informativa para líderes. Las Reglas de la Confianza es una lectura rápida y fácil que proporciona una excelente idea de lo que se necesita para construir excelentes relaciones líder-colaborador que impulsen la productividad."

—Cindy Ventrice, autor del libro: *Make Their Day! Employee Recognition That Works*

LAS REGLAS DE LA CONFIANZA

Cómo es que los mejores líderes del mundo

crean grandes lugares para trabajar

BOB LEE

& FERNANDO RAU

TRUST LAB

Publicado por Trust Lab Press, Dublín, Irlanda
thetrustlab.com

Editado y diseñado por Three Islands Design
www.threeislandsdesign.com

Diseño interior: Paul Barrett
Diseño de portada: Paul Barrett

ISBN: 978-0-9957378-7-7
e-ISBN: 978-0-9957378-8-4

Primera Edición

Existen descuentos especiales para adquisiciones realizadas por
empresas, asociaciones y otras personas morales. Para obtener
información detallada, envíe un correo electrónico a sales@
thetrustlab.com

Los muchos líderes del mundo que decidieron dar trato respetuoso, decente y amable a sus colaboradores, fueron quienes me inspiraron a escribir este libro. Son ellos quienes hacen la diferencia positiva en la vida de los demás y convierten al mundo en un mejor lugar, más agradable.

Si tú eres uno de esos líderes, gracias. Continúa así.

Bob Lee

LAS REGLAS DE LA CONFIANZA

ÍNDICE

INTRODUCCIÓN

LOS LÍDERES SÍ IMPORTAN.

Un líder puede ser la razón por la que un colaborador ama u odia su trabajo. Sin importar cuánto esfuerzo hagan los altos directivos de una organización para construir una cultura agradable y funcional para trabajar, un mal jefe es capaz por sí solo de arruinar toda la experiencia laboral. Un buen líder encamina a su equipo hacia una buena experiencia laboral, pero un gran líder hace mucho más.

Un gran líder puede construir un entorno extraordinario para su equipo, incluso cuando el resto de la organización no sea considerada por la mayoría de sus colaboradores como un buen lugar para trabajar. Un líder puede asegurar que su equipo sea fuerte, leal y comprometido, incluso cuando esté rodeado por otros líderes cuyos equipos estén teniendo una mala experiencia laboral, debido a la cual se pierden valiosos colaboradores más rápido de lo que se pueden reclutar sus reemplazos.

En general, los colaboradores no abandonan una organización, dejan a sus jefes. Y cuando se quedan, a menudo, es su líder quien los mantiene allí.

Las señales que evidencian un equipo mal dirigido son fáciles de detectar: en él sus integrantes utilizan más el "ellos" que el "nosotros" para referirse a sus colegas. Su nivel de cooperación y colaboración es pobre. Aparecen los sarcasmos. Las expresiones burlonas. "Conversaciones" de una sola vía. Resultados pobres, tanto individuales como de equipo. Altos niveles de estrés, de ausentismo y una alta rotación de sus miembros. Y lo más notable, un mal ambiente para trabajar.

Los signos de que un equipo está bien administrado son igualmente visibles: conversaciones genuinas, abundancia del 'nosotros', cooperación y colaboración. Risas. Personas que planean quedarse por mucho tiempo. Gente feliz. Y resultados extraordinarios.

La mayoría de nosotros, sabemos el tipo de líder que nos gustaría ser y sin embargo, nos sucede algo extraño cuando estamos en ese rol. Basta que nos hagan responsables por otros, para que seamos incapaces de crear ese lugar para trabajar que nos gustaría que crearan para nosotros. Sabemos cuáles son los comportamientos y actitudes que valoramos en las personas que nos lideran, aquellas que nos hacen sentir bien, valorados, respetados y felices. Entonces, ¿por qué, como jefes muchas veces

tenemos dificultades para poner en práctica ese conocimiento a través de la forma en que tratamos a nuestros
colaboradores?

Algunos líderes lo hacen y podemos aprender mucho
de ellos. En los últimos treinta años, muchas de las más
importantes organizaciones del mundo han evolucio-
nado en la forma de conducir a sus colaboradores ante
la desafiante realidad de una economía basada en el conocimiento. Su objetivo es sacar lo mejor de cada uno de
sus colaboradores, involucrándolos en todo su ser. Saben
que, sin ellos, se quedarían pronto sin negocio. Pero la
mayoría de las organizaciones no toma en serio la idea
de que las personas son su mayor activo, y en cambio, las
manejan como si fueran secundarias o auxiliares en sus
planes para alcanzar el éxito. Este es un gran error.

El factor clave que diferencia a los mejores lugares
para trabajar del resto, es la calidad de las relaciones
entre los colaboradores y sus líderes, específicamente, el
nivel de confianza que existe entre ellos.

La mayoría de nosotros nunca nos hemos detenido
a pensar sobre la importancia de construir relaciones
sólidas con nuestros colaboradores. Y esto es porque a
la mayoría de nosotros nunca se nos ha enseñado por
qué es tan importante. La confianza no es materia de
enseñanza en las universidades, no aparece en los programas de maestría, ni tampoco aparece en la mayoría

de los programas internos de capacitación que se dictan en las organizaciones. Esto es un problema.

Nos han enseñado cómo manejar los recursos por los que somos responsables: las instalaciones, la maquinaria, los equipos, los vehículos; hemos aprendido cómo administrar a las personas que deben usar esos recursos; y sabemos lo que debemos lograr con ellos: nuestros objetivos de producción, presupuestos de venta, estándares de servicio. Pero a la mayoría de nosotros nunca se nos ha enseñado de manera explícita que la manera de alcanzar esos objetivos -y lograr un éxito duradero como líder- es a través de la construcción de la confianza con nuestros colaboradores.

Antes de que podamos construir confianza, tenemos que definirla.

El Diccionario de Oxford define la confianza como una creencia firme en la fiabilidad, la verdad y la capacidad de una persona. Es la clave de las excelentes relaciones entre líderes y colaboradores, y esas relaciones son la piedra angular de la cultura de confianza en base a la que se construyen todos los grandes lugares para trabajar. Como gerente, cada palabra que pronuncias y cada acción que realizas tiene el potencial de afectar la confianza entre tú y tus colaboradores, ya sea para bien o para mal.

¿Por qué nos enfocamos tanto en la confianza? Para entenderlo, debemos remontarnos a la década de 1980 y la idea de producir un libro que resultó ser la semilla de una revolución en la manera de entender el lugar de trabajo.

LA CONFIANZA Y LOS GRANDES LUGARES PARA TRABAJAR

En 1981, un editor de Nueva York ofreció a dos periodistas en temas de negocios, Robert Levering y Milton Moskowitz, un proyecto desafiante: encontrar las mejores compañías para trabajar en los Estados Unidos, descubrir qué es lo que estaban haciendo y escribir un libro sobre ello. Levering y Moskowitz pasaron los siguientes dos años recorriendo los Estados Unidos visitando organizaciones que tenían la reputación de ser "buenos empleadores", y publicaron sus hallazgos en su bestseller, titulado "The 100 Best Companies to Work for in America". Ellos esperaban que esas compañías se destacaran por grandes paquetes de beneficios y programas extraordinarios de cuidado hacia sus colaboradores, pero lo que descubrieron los sorprendió por completo. A pesar de que sí encontraron una amplia gama de prácticas de recursos humanos generosas y creativas, rápidamente se dieron cuenta que lo que hacía que estos lugares fueran geniales para trabajar, era algo mucho más poderoso que una lista de extravagantes beneficios. ¡Era su espíritu!

"Podía sentirse ese espíritu cuando uno atravesaba la puerta", explica Levering. "A menudo solo por la manera en que la recepcionista lo saludaba a uno o por cómo los colaboradores interactuaban entre sí en los pasillos de una manera tan abierta y amigable, aprendí que lo realmente distintivo de los mejores lugares para trabajar era la forma en que los colaboradores y los líderes interactuaban entre sí. En particular...observé un nivel extremadamente alto de confianza entre los gerentes y los colaboradores. Por el contrario, los lugares para trabajar realmente malos se caracterizaban por clara falta de confianza ".

Levering descubrió qué era lo que creaba ese espíritu. Lo que diferenciaba a estos grandes lugares para trabajar de todos los demás, era la calidad en tres relaciones interconectadas que ponían al colaborador en el centro:

1) La relación entre los colaboradores y sus líderes. Ésta se caracterizaba por el nivel de confianza que existía entre ellos.

2) La relación entre los colaboradores y sus tareas y para con la organización. Ésta se caracterizaba por el orgullo.

3) Las relaciones que los colaboradores tenían el uno con el otro. Éstas reflejaban un alto nivel de camaradería en el lugar de trabajo.

Con base en estos hallazgos, en 1991 Levering fundó con Amy Lyman Great Place to Work Institute, una organización dedicada a construir y reconocer los grandes lugares para trabajar en todo el mundo. Tuve la suerte de participar en el Instituto desde 2002. Nuestra definición de lo que es un gran lugar para trabajar -desarrollada en aquellos primeros días y que ha permanecido sin cambios desde entonces, reflejando la naturaleza atemporal de las relaciones humanas- es la siguiente: un gran lugar para trabajar es aquel en el que confías en las personas para las que trabajas, sientes orgullo por lo que haces y disfrutas de las personas con las que trabajas.

Lo que hemos descubierto a lo largo de los años es que, si bien el orgullo y la capacidad de disfrutar a los compañeros de trabajo están presentes en todos los grandes lugares para trabajar, la presencia de uno o ambos no necesariamente indica que estamos frente a un gran lugar para trabajar. El orgullo por sí solo no es indicador de un gran lugar para trabajar. Tampoco el compañerismo. Uno puede sentirse orgulloso de la contribución personal y la del equipo, pero tener poca o ninguna confianza en la organización. Y es frecuente encontrar grupos muy unidos en los malos lugares para trabajar, pero es un tipo de unión es negativa, a menudo destructiva, del tipo: "nosotros" contra "ellos", la misma que existe entre trabajadores en huelga o en un piquete.

La confianza es el único indicador seguro sobre la calidad de un lugar para trabajar. Si encuentras un bajo nivel de confianza, habrás encontrado un mal lugar para trabajar; encuentra un lugar de alta confianza y habrás encontrado un gran lugar para trabajar. A su vez, donde encuentres altos niveles de confianza, siempre encontrarás orgullo y compañerismo. Es decir: un gran lugar para trabajar.

Es imposible que un empleado tenga una buena experiencia en su lugar de trabajo a menos que tenga una relación de alta confianza con su jefe. Esta relación no es opcional o secundaria. Es el factor clave para la creación de excelentes lugares para trabajar, los que a su vez impulsan los resultados de una organización.

Pero ¿por qué el tema es tan importante? ¿Cuál es el punto de lograr grandes lugares para trabajar?

¿CÓMO SE BENEFICIA MÉXICO AL SER UN GRAN LUGAR PARA TRABAJAR?

México es un país con más de 3,000 años de historia y una sobresaliente herencia cultural. Con más de 120 millones de habitantes, México es hoy la décima población más grande del mundo y la decimoquinta economía o la décimo primera si se la mide por su poder adquisitivo. México exporta más productos manufacturados que todos los países de Sudamérica juntos, incluyendo Brasil, Argentina y Chile.

El desafío más grande al que se enfrenta México es el de la desigualdad de ingresos y la consecuente diferencia que existe entre la calidad de vida de las diferentes capas sociales, lo que se mitigaría generando empleos de calidad que ayuden a recuperar los salarios e ingresos de la población que trabaja y menos gana.

La productividad es la única base para el mejoramiento sostenido de los salarios e ingresos. Y en la economía del siglo XXI la productividad no es sinónimo de trabajar más rápido o más duro. Ese esfuerzo hace tiempo que está siendo encaminado hacia las máquinas y los robots. La mejor forma de salir adelante en términos de productividad en nuestros días es a través del compromiso y la innovación, que solo florecen allí donde un líder es capaz de crear un Gran Lugar para trabajar.

La innovación florece cuando la gente se siente segura de hacer sugerencias y de probar nuevas formas de hacer las cosas, sabiendo que su líder los apoyará si las cosas no salen bien por alguna razón no intencional. Un trabajador que confía en su líder desea que su empresa tenga éxito y por lo general está inmensamente orgulloso de sus logros y los de sus colegas. Se siente aceptado por lo que es, apreciado y valorado. La reputación de la compañía crece. Más personas quieren trabajar allí y ésta mayor oferta le permite a la organización encontrar las personas adecuadas para la cultura que se necesita. Las cosas suceden más rápido y de un modo más inteligente. Y la mayoría de las cosas se hacen bien la primera vez. Ésta mayor productividad se traduce en una mayor rentabilidad. Los empleados obtienen una parte justa de las recompensas y la inversión en instalaciones y beneficios refleja el respeto que la organización tiene por su gente. Esa gente hace una comunidad más solidaria y más alegre. Se necesitan muchos líderes, en todos los niveles de la organización, para hacer de México un Gran Lugar para Trabajar que derive en una mejor sociedad, para todos.

Construir más y más Grandes Lugares para Trabajar en el país, es la forma correcta de conseguir un incremento al salario de los trabajadores mexicanos de forma planeada y responsable, asegurando la estabilidad, tanto laboral, como macroeconómica de México.

¿CÓMO SE BENEFICIAN LAS ORGA-
NIZACIONES AL SER UN GRAN
LUGAR PARA TRABAJAR?

Los mejores lugares para trabajar en el mundo tienen más éxito que sus competidores que no lo son y los superan constantemente en todas las métricas que importan. Obtienen un éxito extraordinario. Eso hace que valga la pena imitarlas.

Durante casi treinta años, Great Place to Work ha investigado las ventajas que disfrutan las organizaciones que crean lugares para trabajar basados en la confianza, y cada año la revista Fortune publica nuestra lista de las mejores empresas para trabajar. Los estudios anuales de seis mil organizaciones y los comentarios de más de diez millones de colaboradores, en ochenta países, muestran que las organizaciones de alta confianza atraen y retienen al mejor talento, innovan más y mejor, brindan un servicio de mayor calidad a sus clientes y logran un desempeño financiero mucho más sólido.

Su rendimiento en el mercado de valores es una de esas medidas, la investigación muestra que las empresas con culturas de alta confianza generan, de forma consistente, rendimientos superiores para sus accionistas. Por ejemplo, la firma de inversión independiente FTSE Russell informa que los rendimientos bursátiles de las empresas de alta confianza reconocidas por Great Place to Work y Fortune Magazine durante un período de diecisiete años, son casi tres veces mayores, que el promedio del mercado, mientras que una cartera de los mejores lugares para trabajar de India superó a los índices bursátiles de la India en un factor de casi cuatro, durante los cinco años previos a 2013.

¿Es el sólido desempeño financiero lo que permite a las compañías tratar bien a su gente, o el fuerte desempeño financiero ocurre por la forma en que la compañía trata a su gente? Un proyecto de investigación de cuatro años, dirigido por Alex Edmans, de la London Business School, en las Fortune 100 Mejores empresas para trabajar, respondió definitivamente a esta pregunta sobre "el huevo o la gallina ". Edman estableció de manera concluyente que el bienestar de los colaboradores precede al desempeño financiero positivo. En otras palabras, cuidar bien de los colaboradores es la causa del buen desempeño financiero.

"Las 100 mejores empresas para trabajar en Estados Unidos generaron retornos para sus accionistas por encima del de sus pares, entre dos y tres por ciento por año, durante un período de 26 años", dijo Edmans en una charla TEDx sobre el tema. "En pocas palabras: a las empresas que tratan mejor a sus trabajadores les va mejor. Y esto debiera cambiar fundamentalmente la forma en que las organizaciones piensan acerca de sus trabajadores".

¡Lo que nos devuelve el foco de la discusión a ti como gerente! La evidencia es clara: trata mejor a tu equipo y tu equipo logrará mejores resultados. Las conclusiones de Edmans te autorizan y respaldan para ser ese líder decente y afectuoso que quieres ser, y él se ha mostrado entusiasmado por las implicancias de su hallazgo al decir: "Como gerentes, podemos actuar responsablemente sin que esto sea la consecuencia de un actuar calculado, sin esperar nada a cambio, haciendo las cosas por razones intrínsecas y no instrumentales o contractuales, porque aunque las recompensas financieras no sean el motivo por el cual actuamos éticamente, por lo general, estas se manifiestan si lo hacemos". En otras palabras, haz lo correcto porque es lo correcto y las recompensas en términos de resultados se darán.

¿CÓMO SE BENEFICIAN LOS LÍDERES EN UN LUGAR PARA TRABAJAR DE ALTA CONFIANZA?

Incluso en organizaciones que no logran ser grandes lugares para trabajar en su conjunto, los líderes que crean relaciones de alta confianza con sus colaboradores y crean experiencias positivas en el lugar de trabajo, obtienen mucho a cambio. Ellos nos señalan varias maneras en las que logran hacer un buen trabajo como líderes cuando logran confianza con sus colaboradores:

- *Sus equipos pueden concentrar toda su energía en alcanzar los objetivos que se proponen.* Sus colaboradores no sufren las diversas distracciones que son comunes en entornos de poca confianza, como lo son la politiquería interna, la falta de comunicación o la falta de claridad en los objetivos.

- *Obtienen de cada colaborador, lo mejor que éste tiene para ofrecer.* Cuando las personas sienten que están trabajando en un entorno emocionalmente seguro y se sienten protegidos, cuando sienten que se promueve su salud mental y su bienestar, se sienten empoderados para hacer su mejor trabajo y desean contribuir en su mejor nivel.

- *El equipo se convierte en algo más que la suma de sus partes.* Cuando sienten confianza y, a su vez, confían el uno en el otro, los colaboradores llegan a ver a sus colegas como algo más que compañeros de trabajo: sienten que pertenecen a algo más grande que ellos mismos y a menudo usan el término "equipo" o "familia" para describir esta idea. Esta sensación de que "todos estamos juntos en esto" alienta a los colaboradores a pensar en el bien común de las personas y en el de la organización en general, en lugar de solo cuidar por sus intereses individuales.

¿CÓMO SE BENEFICIAN LOS COLAB-ORADORES DE UNA GESTIÓN BASADA EN LA ALTA CONFIANZA?

Los líderes no son los únicos que se benefician de las relaciones de alta confianza con sus colaboradores. Estas son solo algunas de las recompensas que sus colaboradores obtienen trabajando en un gran lugar para trabajar:

- *Los colaboradores sienten que encajan en la cultura y esto los hace sentir como en casa.* Los grandes lugares para trabajar disfrutan de una gran reputación y atraen muchas más solicitudes de empleo que sus competidores. También reconocen las actitudes y valores de los colaboradores que mejor se adaptarán a sus necesidades. Disfrutar de una triple ventaja: saben lo que están buscando, buscan entre un grupo más grande de candidatos interesados y son expertos en encontrar a la persona adecuada para cada función. El colaborador que llega a ellas se siente bienvenido, al instante se siente como en su casa y está listo para hacer grandes cosas.

- *Los colaboradores se sienten respetados, valorados y apreciados.* Y habiendo encontrado a las personas adecuadas, los grandes lugares para trabajar brindan un entorno que los acoge, los involucra y los conserva. Con el apoyo de sus líderes, los colaboradores disfrutan un equilibrio entre su vida personal y laboral y cuentan con la libertad de tomarse un descanso cuando resulta necesario, también saben que sus contribuciones son reconocidas y apreciadas.

- *Los colaboradores le encuentran sentido a su trabajo y lo disfrutan.* En los grandes lugares para trabajar, los colaboradores experimentan un entorno para trabajar creativo e innovador que les permite tener un impacto en la empresa y, a menudo, en el mundo. Los colaboradores encuentran placer y satisfacción en su trabajo porque entienden cómo, lo que hacen, contribuye a los objetivos generales del equipo y de la organización.

- *Los colaboradores trabajan duro, pero sufren menos estrés.* Los colaboradores de los grandes lugares para trabajar reportan tener un mayor control sobre cómo y cuándo hacer su trabajo, y una seguridad de que sus líderes entienden y aprecian la presión bajo la que trabajan. Tener el control les permite a los colaboradores trabajar duro, a menudo tiempo extra o bajo presión, sin sentirse excesivamente estresados. El trabajo duro y el estrés no siempre tienen que ir juntos. Los grandes líderes consiguen que no vayan juntos.

- *Los colaboradores se benefician de empleos duraderos.* Los grandes lugares para trabajar tienen más éxito financiero y superan a sus competidores en la gran mayoría de los indicadores de desempeño. Mayor solidez financiera junto con marcas fuertes y altos niveles de lealtad de sus clientes hacen que estas organizaciones sean más resistentes en tiempos difíciles. Las organizaciones de alta confianza tienden a surgir de forma más rápida y fortalecidas de la crisis, en comparación con otras empresas con culturas de menor colaboración y menos respetuosas, lo que les brinda a sus colaboradores cierto grado de protección frente a los recortes salariales o despidos que se originan en los golpes del mercado.

Todos se benefician de las relaciones de trabajo de alta confianza. La Sociedad. Los Inversores y los clientes. Tu organización, tus colaboradores y tú mismo. Entonces, ¿cómo puedes contribuir? ¿Cómo puede convertirte en un líder de alta confianza?

LAS REGLAS DE CONFIANZA

He trabajado durante más de quince años con ejecutivos y líderes sénior, de una amplia variedad de organizaciones en todo el mundo, compartiendo con ellos ideas de Great Place to Work para ayudarlos a desarrollar sus propios grandes lugares para trabajar. Me ha llamado mucho la atención por qué, incluso en los mejores lugares para trabajar, había focos de profunda infelicidad, por ejemplo equipos para quienes la experiencia cotidiana en su lugar de trabajo era muy diferente a la de sus colegas en otras partes de la organización. Me di cuenta de que los programas impulsados desde lo alto de la organización o desde recursos humanos, con el objetivo de mejorar la cultura general del lugar para trabajar, tenían muy poco impacto sin un buen líder. En resumen, siempre que había un mal gerente, se percibía un mal lugar para trabajar, independientemente de las intenciones positivas de los altos directivos.

Entonces, me puse a estudiar qué era exactamente lo que los mejores líderes hacían bien y el resto de los líderes estaban haciendo mal. Estudié cuidadosamente los comentarios de casi dos millones de colaboradores en ochenta países para comprender mejor cómo los grandes líderes crean confianza, y para identificar cuáles son las actitudes y los comportamientos del líder que tienen el mayor impacto en la forma en que los colaboradores viven su lugar de trabajo. Descubrí, que los factores que un colaborador considera al decidir confiar o no en su jefe, son muy parecidos, independientemente de las diferencias de género, etnia o rol laboral (existiendo variaciones menores de un país o región a otra, que refleja sus normas culturales). En última instancia, cada uno de nosotros evalúa los mismos factores (confiabilidad, verdad y capacidad) al tomar la decisión de confiar, al igual que nuestros antepasados durante decenas de miles de años. Es la naturaleza humana.

Y ahí es donde entra este libro cobra relevancia.

Mi investigación ha identificado las actitudes y conductas cruciales al momento de la construcción de la confianza y que distingue a los mejores líderes del mundo del resto. Estas, forman las dieciséis reglas que, cuando las sigas, tendrán el mayor impacto positivo en la relación con tus colaboradores, asegurando que seas percibido como un líder confiable, veraz y capaz. La buena noticia es que las reglas son simples y sorprendentemente fáciles de seguir. De hecho, es posible que ya hagas mucho de lo que se describe en este libro y ya lo hagas bien. Eso es lo que te hace un buen líder. ¿Pero por qué conformarse con ser bueno, cuando está a tu alcance ser excepcional? No te estoy pidiendo que seas alguien que no eres, ni que adoptes decenas de nuevas prácticas a la vez. Todo lo contrario. En cambio, te reto a que pienses de manera diferente sobre cómo manejas a tu equipo. Continúa haciendo la mayoría de las cosas que ya haces, afinándolas según las reglas. Si crees que una sugerencia es buena pero no se ajusta a tu estilo o a la cultura de tu equipo, ajústala para que se sienta adecuada para ti y para tu equipo.

Algunos creen que tener una carrera exitosa depende de encontrar al líder perfecto y aferrarse a él. Si bien eso sería genial, no es así como funciona. La clave del éxito en tu carrera no reside en encontrar al líder perfecto, sino en ser el líder perfecto. En otras palabras, concéntrate menos en tratar de encontrar a alguien maravilloso para quien trabajar, y céntrate más en intentar todos los días ser el tipo de líder para el que tú mismo desearías trabajar.

Escribí Las Reglas de La Confianza para inspirar a los líderes como tú a crear un gran lugar para trabajar para sus equipos, y para proporcionarte los conocimientos y las herramientas prácticas que te permitan hacerlo. Tómate el tiempo para incorporar estos comportamientos como forma de fomentar la confianza en tu gestión diaria y te prometo que los resultados serán extraordinarios. Decenas de miles de grandes líderes de todo el mundo ya conocen las Reglas de Confianza en el lugar de trabajo.

¿Estás listo para unirte a ellos? ¡Estupendo! ¡A trabajar!

REGLA 1

SÉ EL PRIMERO EN CONFIAR

IMAGINA LO QUE TU EQUIPO podría lograr si tus colaboradores lo dieran todo, sus habilidades, sus talentos, su imaginación, su energía, sus experiencias de vida y su brillantez en general, en su trabajo, día a día. Piensa en el potencial ilimitado que podrías desatar si cada miembro de tu equipo fuera libre para hacer su mejor esfuerzo y compartir sus mejores ideas y que sepan que los valoras y respetas como individuos únicos, que están determinados a dejar su huella en el mundo. Ese es el premio que se te ofrece cuando confías en tu equipo. Pero solamente cuando confías *totalmente* en tu equipo.

Y ese es el problema.

Confiar en otros es peligroso y arriesgado porque te deja expuesto. Tu confianza puede darse por sentada, pueden abusar de ella, darle mal uso, no valorarla y explotarla. Puede hacerte ver ingenuo o inocente. Puede derivar en un trabajo de baja calidad, fechas límites sin cumplir y pérdida de clientes, por lo que tú eres responsable final y por tanto se refleja de forma negativa en ti como líder y te expone a la crítica de tus colegas y superiores. O en peores cosas aún.

Entonces, no es difícil entender por qué tantos líderes han tratado de obtener resultados de forma tradicional, sin confiar en sus colaboradores, diciéndoles todo lo que deben hacer en lugar de permitirles decidir ciertas cosas por ellos mismos. Aún se escucha con frecuencia, aunque afortunadamente cada vez menos: la frase inspiradora "tu trabajo es hacer lo que yo te diga"; o el gran generador de confianza: "más te vale que no lo arruines"; y la reconfortante y alentadora frase "si no te digo nada, significa que lo estás haciendo bien".

Este enfoque de órdenes y control no deja nada al azar, sin decepciones, sin fallas y sin sorpresas. Pero hay una gran desventaja en este enfoque. No deja nada al azar, sin decepciones, sin fallas, ¡y sin sorpresas! En otras palabras, recibes exactamente lo que pides: resultados prediciblemente promedios, sin ningún esfuerzo extra.

Exactamente lo que cualquier otro líder promedio puede lograr.

Hay otra razón por la que los líderes dudan si confiar totalmente en sus colaboradores: confiar en otros nos hace vulnerables. Y la vulnerabilidad puede ser incómoda en extremo, especialmente para aquéllos que ocupamos cargos de liderazgo. Sabemos que nuestros equipos necesitan ser fuertes y a menudo asumimos que para ser fuertes nunca debemos mostrar debilidad o vulnerabilidad.

Como líder, sería maravilloso que pudieras esperar a que cada miembro de tu equipo demuestre que es confiable, honesto y capaz, para entonces confiar en él. Pero así no es como funciona. Para que se pueda arraigar la confianza, alguien debe dar el primer paso, así que son ellos o tú. Los colaboradores tienen pocas razones para intentar ganarse tu confianza y en general no todos tienen una inclinación a trabajar desde la confianza. Algunos de ellos están dispuestos a confiar rápidamente, mientras que a otros les toma más tiempo acercarse. Aunque la opinión de un colaborador sobre ti es obviamente importante para decidir si confiarán en ti, parte de esa decisión no tiene nada que ver contigo y depende totalmente del colaborador en cuestión.

Robert Hurley, un profesor de administración de la New York's Fordham University, ha identificado diez

factores que pueden predecir si una persona elegirá confiar o desconfiar de otra persona.[1] Cinco de los factores
de Hurley merecen un acercamiento en este libro.

Para comenzar, *la actitud ante el riesgo* de un colaborador tiene un gran impacto en su disposición a confiar
en ti, o en alguien más. Los buscadores de riesgo confían
en otros rápidamente. No dedican mucho tiempo a pensar qué podría salir mal si confiaran en ti, porque tienden
a pensar que las cosas probablemente van a salir bien.
Pero los colaboradores a los que no les gusta el riesgo
estarán renuentes a darte su confianza a menos que se
sientan en control de la situación. Hurley menciona que:
"No solamente no confían en los demás. No confían en
ellos mismos".

El nivel de *adaptación* de un colaborador también
afecta la manera en la que construye su confianza. Las
personas bien adaptadas tienden a confiar rápidamente:
están cómodas con ellas mismas y con el mundo que las
rodea y tienden a creer que nada malo les pasará. Por el
contrario, un colaborador adaptado de manera inadec-
uada tiende a ver muchas amenazas en el mundo, aborda
cada situación con un nivel subyacente de ansiedad y le
tomará más tiempo confiar en ti independientemente de
todo lo bueno que hagas.

El *poder relativo* es el tercer factor interno en la
decisión de confiar de un colaborador. Tienes el poder

en la relación con cada uno de tus colaboradores. Simplemente así es. Para ti es relativamente fácil confiar en tus colaboradores porque tú tienes todas las cartas. Puedes castigarlos, si traicionan tu confianza. Pero, ¿qué opciones tienen tus colaboradores si tú los traicionas? No tienen la autoridad para hacer nada, excepto dejar de confiar en ti y ser más inteligentes en el futuro. Tus colaboradores instintivamente entienden esta vulnerabilidad así que será menos cómodo para ellos confiar en ti.

Otro factor importante para la decisión de un colaborador sobre confiar o no, es la seguridad psicológica. En otras palabras, la pregunta clave para el colaborador es: *¿qué está en juego?* Hurley explica que: "entre más esté en juego, menor es la probabilidad de que la gente se abra a confiar. Si la respuesta a la pregunta '¿qué es lo peor que puede pasar?' no es tan aterradora, confiar será más fácil". Así que, por ejemplo, es más probable que los colaboradores confíen en ti cuando se trate de ascensos a que confíen en ti cuando se están evaluando necesidades de ajustes.

Finalmente, según Hurley, lo que también hace una gran diferencia en su decisión de confiar en ti es qué tan *similares* son tus colaboradores y tú. Todos confiamos más rápido en personas con las que nos identificamos y nos identificamos más fácil con las personas que son "como nosotros", personas que comparten nuestros valores, intereses y perspectivas. Por lo tanto, es más probable que las personas que son como tú confíen en ti. Sin embargo, aunque sea más fácil ganar la confianza de un equipo construido a tu imagen, toma en cuenta que hay una gran ventaja en la diversidad. McKinsey, la compañía consultora de administración mundial, reporta que las organizaciones con una fuerza laboral diversificada e inclusiva gozan de un rendimiento en el capital 53 por ciento más alto y márgenes de ganancias 14 por ciento más grandes que aquéllos de las compañías con menor diversidad.[2]

Estos cinco factores muestran qué tan desafiante es para los colaboradores confiar en ti y por qué no es probable que sean ellos los que den el primer paso cuando se trata de establecer la confianza entre ustedes. Es más probable que esperen y tomen su primera decisión de confiar en base a cómo sea tu desempeño a lo largo de los meses, o incluso años. Pero tú no puedes darte ese lujo. Necesitas confiar si quieres liberar todo el potencial de tu equipo. Así que tienes que dar el primer paso. Hacerlo no te convierte en alguien débil. Tu verdadera fortaleza yace en tener el valor de mostrar humildad, sinceridad y deseos de ser el *primero en confiar*.

Sí, ser el primero en confiar es arriesgado; *puede* terminar terriblemente mal. Pero no será así si lo haces de la manera correcta. Los problemas surgen comúnmente cuando confías *ciegamente*, o cuando confías y esperas que pase lo mejor, lo que se describe mejor como una confianza *ingenua*. Ese es el tipo de confianza que te causará problemas.

Imagina que tu hijo de dieciocho años te pide ayuda para que le enseñes a manejar. Confías en él y con justa razón. Es un adolescente responsable: ha trabajado medio tiempo por años, cuida a sus hermanos y siempre ha estudiado duro en la escuela. Le entregas las llaves y le dices "toma mi carro, hijo. Confío en que descubrirás cómo se hace. Nunca me has decepcionado. ¡Disfrútalo!" Esa es la confianza ciega e *ingenua*. Aunque tu hijo ha demostrado que *puedes confiar en él* en distintas situaciones, no tiene preparación ni capacidad que sugieran que le puedes confiar tu carro. Tú confianza en él es inmerecida, lo está condenando al fracaso. Y, por la misma razón, es inmerecida para ti.

Las *reglas de la confianza* se refieren a dar una confianza *inteligente*: la cantidad adecuada de confianza dada a la persona correcta en el momento adecuado. Por ejemplo, asignarle un proyecto grande a un colaborador entusiasta y capaz, pero relativamente nuevo. Compartir información confidencial sobre el desempeño de la compañía con tus colaboradores. Permitir que un colaborador apruebe los gastos de sus colegas en tu ausencia. Dar una confianza inteligente es un proceso gradual en el que un éxito genera otro éxito y los contratiempos inevitables son mínimos y están bajo control. Celebras el éxito, te encargas de los contratiempos y sigues adelante.

Inicié este capítulo invitándote a imaginar lo que tu equipo podría lograr si pudiese desplegar todo su potencial. Puede sonar idealista, pero es realista y alcanzable cuando confías totalmente en ti para así confiar totalmente en tu equipo. Las reglas desplegadas en el resto del libro ofrecen una guía específica sobre cómo construir confianza con tus colaboradores. Sin embargo, la Regla 1 es la más importante: Sé el primero en confiar. Tú eres el líder, así que depende de ti.

PUNTOS CLAVES

○ Ser el primero en confiar te deja expuesto y vulnerable; y también muestra tu fortaleza.

○ Las personas tienden a confiar en personas que se parecen a ellas. Es tentador contratar colaboradores que sean similares a ti porque será más probable que confíen más rápido en ti. Pero ten cuidado: no debes sacrificar los beneficios que tiene un equipo diverso.

○ No confíes ciegamente en tus colaboradores. En lugar de eso, entrega una confianza inteligente: la cantidad adecuada de confianza dada a la persona correcta en el momento correcto.

REGLA 2

Vive con integridad

VIVIR CON INTEGRIDAD SIGNIFICA SER fiel a tu palabra en todo lo que haces. Esto significa que las personas pueden confiar en ti, porque haces lo que dices. Es hacer lo correcto, incluso cuando nadie te está mirando y aún cuando nadie se fuera a enterar si hicieras lo incorrecto. Significa que defiendes algo, incluso si significa perderlo todo en el proceso. En resumen, vivir con integridad revela tu verdadera naturaleza. Como el legendario entrenador de básquetbol John Wooden dijo: "Preocúpate más sobre tu naturaleza que de tu reputación, porque tu naturaleza es quien en realidad eres, mientras que tu reputación es solamente lo que otros piensan que eres". En el lugar de trabajo, la integridad importa porque la forma en la que te comportas con tus colaboradores, clientes, proveedores y distribuidores refleja la norma de conducta que esperas de ellos. Muchas personas tienen un gran sentido de lo que es bueno y lo que es malo y por instinto saben qué es lo correcto cuando se trata de un asunto simple que puede reducirse a "blanco o negro", pero a veces encuentran mayores complicaciones cuando se enfrentan a áreas grises y casos que están en la línea entre ambos. Al enfrentarse a la incertidumbre y dilemas morales, tu equipo seguirá tu ejemplo. Así que actúa con la mayor integridad posible e inspirarás a tus colaboradores a hacer lo mismo. Cuando comprometes tu integridad por ventajas comerciales o personales, creas un precedente para que los demás hagan lo mismo. Lo "correcto" suele ser "lo más difícil de hacer" y es por eso que, sin un sólido liderazgo, algunos colaboradores pueden caer en la tentación de seguir el camino de menor resistencia.

Por supuesto que no debes hacer lo correcto solamente para ser un buen ejemplo, o porque tus colaboradores te están observando. Debes hacer lo correcto para mostrar quién eres, tus creencias y los valores que verdaderamente te importan. Cuando vives tus valores, lo que haces y lo que dices son una y la misma cosa. Incluso si asumes que la mayoría de tus colaboradores haría lo correcto sin importar cómo sea tu comportamiento, ellos simplemente no confiarán en ti si no ven que tú te adhieres a los estándares éticos más altos posibles. Juzgarán tu comportamiento y actitudes y cada uno se formará su opinión respecto a si eres digno de su confianza o no.

La confianza se trata de ser fiable, lo que a su vez se basa en tu predictibilidad: en el grado en el que tu equipo pueda predecir lo que harás o cómo reaccionarás en una situación determinada. Cuando los colaboradores te conocen como una persona con integridad, alguien que siempre trata de hacer lo correcto, te convertirás en alguien más predecible y por lo tanto, más merecedor de confianza. En resumen, entre más te adhieras estrictamente a un conjunto claro de valores, más predecible y confiable serás a los ojos de tus colaboradores y por ende confiarán más en ti.

Aunque actuar con integridad en el trabajo no siempre es fácil. Pueden existir diferencias entre las acciones que una organización considera adecuadas y lo que tú consideras personalmente aceptable. Así como cada uno de nosotros desarrolla valores y costumbres que se mantienen constantes a lo largo del tiempo, cada organización tiene sus propios estándares y códigos de comportamiento, su propia cultura, "la forma en la que hacemos las cosas aquí".

Tú también tienes una "cultura personal", lo que defiendes y en aquello que crees. Independientemente de la cultura de cualquier organización para la que trabajes, mantente fiel a tu cultura personal. Las violaciones a tu código personal son las que incomodarán tu consciencia, te mantendrán despierto en las noches y finalmente dañarán la reputación que ganaste con tanto esfuerzo. En otras palabras, aunque cada organización tiene sus objetivos y su propio entendimiento sobre la forma de alcanzar esos objetivos, tú también lo tienes. Nunca te sientas tentado a comprometer tus propios valores por los valores de tu organización.

A continuación, verás algunas formas prácticas en las que puedes actuar con integridad en el trabajo:

- *Sé quién quieres que tus colaboradores sean.* En otras palabras, sé justo en tus decisiones diarias. No des excusas, señales o culpes a los demás. Asume la responsabilidad por tus errores y fallas.

- *Sé honesto y actúa con ética en todo lo que hagas.* Habla honestamente, sé consistente y claro respecto a tus estándares éticos, habla incluso cuando sea arriesgado hacerlo y desafía cualquier sistema que incite a la deshonestidad o que recompense el comportamiento poco ético.

•   *Asegúrate de que tu equipo también trabaje sujeto a los estándares más altos de comportamiento ético.* Alienta a los demás a hablar y expresar sus inquietudes sobre prácticas cuestionables. Revisa esas inquietudes éticas con tu equipo.

•   *Mantén una actitud positiva y respetuosa cuando desafíes el status quo.* De estar en lo correcto, deja que el poder de tus palabras conquiste a los demás. Alienta y apoya a otros para que expresen sus opiniones, especialmente cuando sus puntos de vista no coinciden con el tuyo. Mantén la mente abierta cuando te enfrentes a objeciones; aún cuando tú sinceramente creas que estás en lo correcto, podrías simplemente estar equivocado.

•   *Establece un código de valores y comportamiento que sea único para tu equipo y con el que se pueda comprometer cada miembro.* Establece estándares para las tareas de cada miembro de tu equipo y hazlos responsables por ello. Si mantienes un estándar alto, muy pronto ellos se someterán a estándares más altos también.

Se necesita valor para vivir con integridad. Valor para expresarse cuando tu punto de vista se enfrenta a la de un líder de alto rango o para desafiar el *status quo*. Valor para rechazar oportunidades para ganar dinero que sean éticamente cuestionables. Valor para ser diferente. Y valor para arriesgarte en aquellos momentos que tus valores personales te requieran adoptar una determinada postura.

Pero vivir con integridad merece el sacrificio. Toma años construir una buena reputación, y aún así, una mala decisión tomada sin reflexionar, pueden destruirla en segundos. Tú solamente tienes una reputación. Haz que sea excelente. Y haz que perdure.

PUNTOS CLAVE

○ Tus valores no son negociables. Si sientes
   que una decisión o acción no es correcta,
   es probable que no lo sea. No comprometas
   y no trates de silenciar tu voz interior.
   Escúchala.

○ Si tienes que elegir entre los valores
   organizacionales y los tuyos, elige los tuyos.
   El éxito verdadero comienza sabiendo quién
   eres realmente.

○ Cuando se trata de asuntos de integridad,
   actúa como si todo el mundo te estuviera
   observando. Porque así es.

REGLA 3

CUMPLE TUS PROMESAS

¿Has tenido una relación con alguien que no cumple sus promesas? De ser así, dudo que describas esa relación como buena y estoy seguro de que no dirías que fue extraordinaria. ¿Por qué? Porque ninguno de nosotros puede confiar en alguien que es inconsistente o que actúa de modo impredecible. Y si no puedes confiar en una persona, no podrás emprender con ella nada que valga la pena. El hecho de que solo algunas veces valga la pena confiar en esta persona, de nada sirve, porque siempre estará la incertidumbre y muchas veces la decepción. Como un perro que sólo te muerde a veces.

Entonces, ¿por qué hay tantos líderes que no son tan confiables como quisieran? ¿Por qué muchos de ellos no logran hacer lo que dicen que harán? Porque las promesas son como los bebés: fáciles de hacer, pero difíciles de mantener.

La mayoría de los líderes mantienen sus promesas grandes. Los colaboradores esperan que se les pague a tiempo cada mes, como ocurre normalmente. Si se les promete un bono por desempeño, normalmente se les otorga. Y cuando se aprueba una solicitud de vacaciones, generalmente se les da ese tiempo de vacaciones.

El problema yace principalmente con las promesas *pequeñas*. O con las promesas pequeñas *que no se cumplen*, para ser más precisos. Las promesas que apenas se notan, las que no puedes creer que alguien haya considerado una promesa. Pocos líderes se proponen intencionalmente faltar a su palabra frente a sus colaboradores; el problema es que los líderes y los colaboradores con frecuencia tienen distintas interpretaciones acerca de lo que es una promesa. Como la belleza, las promesas son subjetivas. Nos guste o no, una promesa es una promesa si tu *colaborador* la considera como tal. La mayoría de nosotros hace promesas sin siquiera darse cuenta. Y ya que no las vemos como promesas, es más probable que lleguemos a incumplirlas.

"Nos vemos a las 10" es una promesa.

"Le pediré a Miguel que te capacite para este proced-imiento" es una promesa.

"Te aviso en cinco minutos" es una promesa.

"Déjame pensarlo" es una promesa.

"Le diré a mi jefe y te avisaré" es una promesa.

"Me encargaré de que seas invitado a la junta sema-nal de producción" es una promesa.

No es coincidencia que muchas de estas promesas involucren un día y un horario o el tomarse un momento dedicado a los colaboradores y sus pedidos. Los líderes están ocupados y generalmente trabajan bajo presión y lo que más necesitamos y menos tenemos, es tiempo. Pero esa es una realidad, no una excusa.

Entonces, ¿qué puedes hacer para asegurarte de cum-plir todas tus promesas, grandes y pequeñas? Napoleón Bonaparte tenía un punto cuando dijo que: "La mejor forma de mantener tu palabra es no dándola". Suena cínico, pero si haces menos promesas, también *romperás* menos promesas. Recuerda que lo que para ti puede ser un simple comentario espontáneo, para tu colaborador puede ser una promesa seria y lo entenderá literalmente. Así que, haz una pausa y piensa los siguiente antes de hacer una promesa:

- *Pregúntate: ¿qué es lo realmente necesario?* antes de hacer tu promesa. A menudo hacemos muchas promesas debido a nuestro genuino deseo de ayudar, de ir más allá. Así que, nos comprometemos al responder "al final del día" cuando "al final de la semana" podría haber sido igualmente aceptable. Promete menos y cumple más. Suena cliché, pero no por eso, es menos cierto.

* *Aclara tus promesas.* No dejes lugar a dudas o ambigüedades sobre a qué te estás comprometiendo exactamente. Tómate tu tiempo para confirmar el entendimiento mutuo sobre lo que estás prometiendo. Puedes tener éxito al cumplir con lo que *tú* entendiste que prometiste y aún así dejar a la otra persona con un sentimiento de decepción y desilusión porque no cumpliste lo que *él* entendió que prometiste.

* *Escribe todas las promesas.* Rompemos algunas promesas porque, para empezar, son poco realistas. Rompemos otras porque ni siquiera nos dimos cuenta de que estábamos comprometiéndonos a algo. Y rompemos algunas otras promesas por un cambio en las circunstancias, sea una enfermedad, una emergencia, u otra situación imprevista. Pero a menudo, rompemos promesas porque simplemente las olvidamos. Anota los

compromisos que haces en tu agenda o calendario, o crea una lista independiente; lo que funcione mejor para ti. En cualquier caso, escríbelas en el mismo lugar todo el tiempo y revisa tu lista regularmente para asegurarte de que no se te olvida nada.

Tu capacidad para mantener tus promesas a veces depende de que otras personas cumplan con promesas que te han hecho a ti. Si no crees que te cumplirán sus promesas totalmente y a tiempo, establece márgenes para eso en cada compromiso que hagas con tu equipo. Tú solamente puedes controlar el cumplimiento de tus promesas. Puedes tratar de influir en tus colegas para que cumplan las suyas, pero sus omisiones no deben convertirse en tus excusas ya que tu equipo te hará responsable por los compromisos que rompiste: incluso cuando no sea tu culpa.

En cualquier circunstancia, si verdaderamente no puedes cumplir una promesa que hiciste, hazle saber a tu colaborador la situación tan pronto como sea posible. A la mayoría de nosotros no le importa que se rompa ocasionalmente una promesa; lo que nos molesta es el silencio o la ignorancia fingida o la indiferencia. Si de verdad no podrás cumplir un compromiso, dile a la persona involucrada en la primera oportunidad. Si normalmente eres confiable, es probable que te den el beneficio de la duda y que consideren que es un compromiso que se pospuso y no una promesa rota. Si has tenido que romper una promesa, piénsalo dos veces antes de comprometerte de nuevo para compensarlo y romper esa promesa bajo tu propio riesgo. Con el tiempo todos nos damos cuenta de que una promesa es tan confiable como la persona que la hace y ninguno de nosotros confía en una persona que no es fiable. Así es como funciona.

PUNTOS CLAVES

○ Piensa antes de prometer algo. Para romper menos promesas, haz menos promesas. Es mejor que hoy digamos un simple "no" a tener que disculparnos mañana.

○ Aclara la promesa. Asegúrate de que cada uno entienda de la misma forma lo que has prometido.

○ Si no tienes otra opción mas que romper una promesa, avísale a todos los afectados tan pronto como puedas.

REGLA 4

SÉ ACCESIBLE Y QUITA TODA BARRERA PARA HABLAR CONTIGO

L A CALIDAD DE CASI TODAS las relaciones interpersonales en el lugar de trabajo se determina por la manera en la que las personas pueden comunicarse entre sí.

La comunicación es el acto de transmitir información, ideas o pensamientos de una persona a otra. También es el proceso mediante el cual nos ponemos *de acuerdo* entre nosotros. Cuando decimos que existe una "buena comunicación", lo que queremos decir, literalmente, es que somos buenos intercambiando información, ideas y pensamientos. Pero lo que realmente queremos decir no es que entendemos las *palabras* que los demás usan, sino que "entendemos" a los demás. Entonces, cuando hablamos de calidad de comunicación de ida y vuelta en el lugar de trabajo, nos referimos a la medida en la que las personas se entienden entre sí.

La comunicación efectiva se ubica en el centro de un gran lugar para trabajar en el que existe un alto nivel de confianza. Casi todos los aspectos de las relaciones interpersonales prosperan cuando la comunicación es buena, mientras que una mala comunicación dificulta todo y hace que algunas cosas sean imposibles. Muchos problemas que al principio parecen ser síntomas de algo diferente se originan en una mala comunicación. Por ejemplo, cuando los colaboradores se quejan sobre injusticia en los ascensos, o aumentos decepcionantes, o distribución de la carga de trabajo inaceptable, o cualquier otra cosa "injusta", es casi inevitable que el origen del problema y, por lo tanto, el problema real, sea la mala comunicación.

La clave para la comunicación efectiva entre tus colaboradores y tú es que seas percibido como una persona con la que es fácil hablar. Tú creas tus propias oportunidades para hablar con tu equipo, como sesiones de seguimiento individuales o reuniones de equipo. Esas oportunidades son importantes y muy valiosas, pero en ellas, por lo general, eres tú quien lleva el control y define los temas que se tratarán. Las conversaciones que son iniciadas por tus colaboradores tienen una dinámica muy diferente, ellos deben sentirse cómodos con el hecho de acercarse a ti y estar seguros de que, si necesitan hablar contigo sobre algo importante, les dedicarás el tiempo y la atención que necesitan.

Cuando tus colaboradores te consideran una persona accesible y con la que es fácil hablar, existen altas probabilidad de que inicien una conversación contigo. Las conversaciones informales que de allí surgen, te ayudan a desarrollar una cercanía que va más allá de lo formalmente esperado para una relación "líder-colaborador": una característica distintiva clave, propia de las relaciones de alta confianza que se dan en un gran lugar para trabajar.

Tu accesibilidad no sólo ayuda a tus colaboradores. Ya que tú no puedes estar en todos lados al mismo tiempo, necesitas que los miembros de tu equipo sean tus ojos y oídos y ellos necesitan saber que pueden compartir sus inquietudes y alertarte sobre problemas, por menores que sean, antes de que crezcan. Si no eres una persona accesible, hay un mayor riesgo de que tus colaboradores te oculten información en caso de que haya algún problema y que te informen solamente cuando dicho problema ya sea complicado.

Como la mayoría de los líderes, probablemente creas tener una política de puertas abiertas que permite a tus colaboradores acercarse a ti en cualquier momento. (Todavía no he conocido a nadie que diga promover una política de "puertas cerradas"). Y, a pesar de que prevalecen las políticas de puertas abiertas y se habla de disponibilidad, los colaboradores frecuentemente se quejan de que es difícil hablar con sus líderes.

¿Qué es lo que pasa entonces?

La accesibilidad no se trata de que tu puerta esté abierta, sino de que tu mente esté abierta. Es muy probable que estés menos disponible para tu equipo de lo que crees, independientemente de que le digas a tus colaboradores que pueden acercarse a ti o que tus puertas están abiertas; es probable que tú muestres tu indisponibilidad con tu lenguaje corporal y tus acciones. Cuando siempre *pareces* ocupado, apresurándote de una junta a la siguiente, o cuando haces una mueca sutil cuando un colaborador te pide un minuto de tu tiempo, tu lenguaje corporal envía un mensaje muy claro: no tengo tiempo para ti. Cuando le echas un vistazo a tu correo electrónico mientras ves la presentación de un colaborador o "escuchas" una de sus preguntas, tu demostración de poder llevar adelante múltiples tareas al mismo tiempo sugiere que no estás realmente interesado en lo que el colaborador tiene que decir..

Tu total atención es fundamental para una conversación exitosa. ¿Cómo te sientes cuando un colega no deja de mirar su pantalla mientras le pides consejo respecto a un problema difícil para ti? ¿Sientes que le importas, que les interesas y que quiere ayudarte? ¡No lo creo! Cuando le das a tu colaborador todo menos tu total atención sin interrupción, tu mensaje es: "tengo muchas cosas importantes en las que pensar en este momento y tú no eres una de ellas".

Si un colaborador se te acerca y sientes que "ahora" no es un buen momento, sugiérele un mejor momento para hablar con él. De lo contrario, deja de hacer lo que estés haciendo, siéntate, relájate y disfruta la conversación. El mensaje que debes enviar es que "no hay nada que me gustaría hacer más en este momento que hablar contigo". Darles tu total atención a tus colaboradores cuando la piden crea una situación en la que todos ganan. Escuchas lo que tu colaborador está pensando, ellos se sienten escuchados y ambos se sienten bien.

Ser accesible no se trata de sentarte en tu trono a esperar a recibir a tus colaboradores: se trata de que tus colaboradores se sientan lo suficientemente cómodos como para acercarse a ti e iniciar una conversación en cualquier lugar. Para ser realmente accesible, no esperes a que tus colaboradores te busquen: ve tú a buscarlos.

Una forma de acercamiento común es "la administración a través de merodear por el lugar", aunque no suene muy científico o MBWA por sus siglas en inglés: es un estilo de administración en la que los líderes recorren el lugar de trabajo de forma aleatoria y sin un propósito previamente definido para mantenerse al tanto sobre lo que pasa en el negocio y para conocer quiénes son las personas que están haciendo posible el éxito. Ya sea que los miembros de tu equipo estén concentrados en un solo lugar o en diferentes ubicaciones, sal a verlos para que puedas entender mejor sus problemas, ideas e inquietudes y puedas así tomar medidas respecto a las mismas. Mantente a la vista. Aquí te digo cómo:

- *Dedica tiempo de forma regular para alejarte de tu escritorio y recorrer tu departamento.* Pregúntate incluso, ¿necesito de una oficina? ¿Podría tener un escritorio en el mismo piso que los demás? O, de tener a tu cargo a personas que se encuentran en distintas ubicaciones, ¿podrías establecerte en distintas ubicaciones por periodos?

- *Mantente disponible para discusiones espontáneas.* Mientras recorres el lugar, debes estar dispuesto a escuchar y contestar preguntas y hacer preguntas que estén orientadas ayudarte a entender mejor a tu equipo.

- *Crea oportunidades para platicar durante una comida.* Ten reuniones en desayunos o comidas regulares cara a cara con grupos pequeños de colaboradores. Algunos líderes organizan desayunos con "agenda abierta" en los que se aclara que ninguna pregunta está fuera de lugar. Hasta que los colaboradores tengan la confianza suficiente para adoptar este concepto, haz tú algunas preguntas, tales como: "¿qué les mantiene despiertos por las noches?" o "¿cuáles son las mayores amenazas que actualmente enfrentamos?" para de esta manera establecer un tono de sinceridad y accesibilidad.

La política de puertas abiertas y la MBWA tienen una cosa en común: un líder accesible con quien es fácil hablar. Sin embargo, ser alguien con quien es fácil hablar o que es accesible implica sentirse cómodo al platicar con tus colaboradores y colegas. Para algunos líderes es sencillo, mientras que para otros puede ser una de las cosas más difíciles que les toca hacer cada día. Por ejemplo, hablar con los demás por lo general es natural para los extrovertidos, mientras que los introvertidos deben esforzarse mucho para eliminar la barrera que existe entre su buena voluntad y la buena comunicación.

Por supuesto, la mayoría de nosotros no somos ni totalmente extrovertidos ni totalmente introvertidos, más bien algo entre ambos extremos. Sin importar en dónde te ubiques en dicha escala, utiliza tus fortalezas y maneja tus debilidades para lograr convertirte en el mejor comunicador que puedas ser, sintiéndote a la vez relativamente cómodo con tu naturaleza y totalmente auténtico. Si te sientes incómodo o tienes dificultades para hablar con tus colaboradores, sigue estas sencillas técnicas que te ayudarán a mejorar tus conversaciones:

- *Sonríe.* Nada dice de forma más clara que eres abierto y accesible como lo hace una sonrisa sincera. Una sonrisa vale más que mil palabras.

- *Comparte.* Compartir información o historias, a menudo ayuda a los demás a que te vean como alguien accesible y ayuda a construir confianza y relaciones. Pequeños datos sobre tu vida fuera del trabajo serán perfectos; no necesitas contar tus secretos familiares.

- *Observa tu comunicación no verbal.* A veces parece que los líderes reservados no se interesan o que están distraídos porque muestran pocas señales de estar escuchando. Practica tus señales de comunicación. No basta con escuchar: deben ver que estás escuchando. Asiente con la cabeza si estás de acuerdo. Haz contacto visual. Haz preguntas y verifica que hayas entendido.

- *Administra la proporción en la que "hablas y escuchas".* Esto es el porcentaje de tiempo que pasas hablando en cualquier conversación contra el tiempo que pasas escuchando. Por ejemplo, cuando delineas tu visión sobre el futuro con tu equipo, tú hablarás la mayor parte del tiempo, si no es que todo el tiempo. Pero si un colaborador necesita tu consejo respecto a algo que le preocupa, tu porcentaje debería ser mucho más bajo porque tú deberías estar escuchando. Si te conocen como un conversador y por lo general te tomas el 80 por ciento del tiempo de la conversación, tendrás mejores resultados si hablas solamente el 60 por ciento del tiempo y escuchas un 40 por ciento en lugar de sólo el 20. Habla menos y escucha más.

- *Habla mientras te estén escuchando.* Jeff Shore, un experto en ventas y autor de libros sobre el tema, te sugiere que asumas que solo tienes la atención de la otra persona por no más de treinta segundos sin ningún comentario de su parte. Según Shore: Este es el período de tiempo en el que tienes total "luz verde". De treinta a sesenta segundos, tienes 'luz amarilla'; tal vez te estén escuchando, tal vez no. Si hablas sesenta segundos o más sin ninguna interacción de la otra parte, tendrás 'luz roja': ya los habrás perdido".[3]

Vivimos en un mundo ocupado y nunca hay suficientes horas en el día para hacer todo lo que planeamos hacer. Aunque parezca muy tentador el tratar de "ser eficiente" manteniendo nuestras puertas cerradas para concentrarnos mejor, haciendo varias cosas a la vez mientras hablamos con alguien, o apresurando una conversación, en realidad estamos siendo menos productivos. Si realmente quieres ser eficiente y ahorrar tiempo, mantente accesible para tu activo más valioso -tus colaboradores- y facilítales el hablar contigo. Pero lo más importante: sé bueno escuchando.

PUNTOS CLAVES

O Mantente totalmente presente cuando
   converses y escuches a tus colaboradores.

O Aléjate de tu escritorio y habla de forma
   informal con tu gente, todos los días.

O Sé auténtico en tu estilo de comunicación.
   Tu personalidad es una característica, no una
   excusa y no hay ningún tipo de personalidad
   que no pueda tener éxito al comunicarse de
   forma eficiente con los demás.

REGLA 5

QUE TUS RESPUES-TAS SEAN DIRECTAS

CONTESTA LAS PREGUNTAS DE TUS colaboradores clara y completamente. Esto les ahorrará el tener que descifrar tus respuestas y tener que descubrir lo que estás diciendo en realidad, lo que les permitirá enfocar sus esfuerzos en su trabajo.

Incluso cuando debas dar información a tus colaboradores que no les gustará, es mejor ser directo que andar con indirectas o intentar ganar tiempo. Tu equipo, a menudo sin estar consciente de ello, está continuamente evaluando si lo que dices concuerda con lo que haces. Al dar respuestas honestas, les muestras que valoras mucho ser honesto y directo y los inspiras a hacer lo mismo.

Se requiere valor para las conversaciones directas y tal vez eso explique por qué algunos somos evasivos o nos guardamos información de vez en cuando. ¿Por qué a veces es difícil ser directo y franco? A menudo, no queremos decepcionar a nuestros colaboradores con malas noticias. Aunque esta renuencia es comprensible, generalmente es incorrecta. Cuando explicamos las razones detrás de una decisión que podría no gustarles, tus colaboradores al menos las entenderán y se quedarán con la sensación de que los estás tratando de manera justa.

Algunos líderes se sienten incómodos al dar retroalimentación que no sea positiva, así que a veces mienten, enfatizando lo positivo y minimizando lo negativo, esperando ahorrarse los sentimientos encontrados de sus colaboradores. Aunque ciertamente el tacto es necesario al proporcionar retroalimentación constructiva, es fundamental que los colaboradores conozcan la verdad, o la suficiente verdad, para poder mejorar en el futuro.

A veces los líderes quieren ganar tiempo. Al enfrentarse a una situación problemática o de incertidumbre que pudiese afectar a su equipo, los líderes dicen poco o nada sobre ello, con la esperanza de que mejoren las circunstancias. Esa equivocación daña la confianza y se paga a un alto precio en el largo plazo. Para mantener la confianza, se deben dar las noticias positivas y negativas con la misma rapidez y honestidad.

El conocimiento es poder. Por ejemplo, cuando tú sabes cómo hacer algo que los demás no pueden, o cuando sabes algo que tu colaborador ignora, tú tienes poder. Es por eso que en los lugares de trabajo con bajos niveles de confianza, los líderes con frecuencia retienen cualquier información que posean, creyendo que esto protege su posición y que les da una ventaja. Raramente ocurre alguno de los dos resultados. Reservarse información casi nunca da resultados positivos porque la mejor manera de aprovechar la información es casi siempre compartiéndola generosamente.

Comparte información con tu equipo en relación a un problema y podrías recibir sugerencias o posibles soluciones para el mismo. Platica con tus colaboradores sobre el bajo desempeño de la organización en general o sobre un ambiente de negocios desalentador y estos entenderán lo que pasa fuera de tu departamento y no estarán desactualizados en las noticias. A veces los líderes incluso retienen noticias financieras *buenas* por miedo de que los colaboradores las utilicen para aprovecharse. Por ejemplo, si la compañía tuvo un desempeño excepcional el año anterior, podrías temer que los colaboradores busquen un aumento o un bono. Pero si los niveles de pagos ya son justos y les das una explicación razonable de cómo y por qué la organización planea utilizar esos ingresos extras, los colaboradores con un alto nivel de confianza lo entenderán.

A veces los líderes retienen información a sus colaboradores por la inquietud que les provoca la posibilidad de que esta se "filtre" a los medios. Ésta podría ser una inquietud justificada si la información fuese confidencial desde el punto de vista comercial. Pero si se trata de información que de ser divulgada podría dejar a la organización en una mala posición, en lugar de preguntarse "¿cómo puedo ocultar esto de los medios?", el líder debería preguntarse "¿qué estamos haciendo mal que no queremos que el público se entere?"

Un líder con un alto nivel de confianza siempre hace que sus respuestas sean directas. Pero cabe destacar que ser directo con tus colaboradores no es lo mismo que siempre darles la información que solicitan. Hay muchas situaciones en las que deberás elegir no hacerlo o en las que está prohibido hacerlo, por ejemplo: cuando la respuesta requiriera exponer información financiera confidencial; información personal o relacionada con el trabajo sobre ti u otro colaborador; o información que no es, honestamente, de la incumbencia de esa persona.

Inevitablemente, habrá ocasiones en las que no tendrás la libertad de compartir la información que posees y, evidentemente, en esas ocasiones deberás respetar la confianza que otros te han depositado y mantener esa información confidencial, sin importar qué tan difícil o incómodo sea para ti. Pero no permitas que la confidencialidad sea tu posición habitual. Sé abierto, manteniendo la información con confidencialidad sólo cuando te sea solicitado o cuando claramente sea lo más sensato de hacer.

Si no tienes la respuesta a una pregunta o no puedes divulgar cierta información, dilo y explica la situación para que no dejes a tus colaboradores totalmente desinformados. Por ejemplo, diles "yo no tengo esa información, pero lo investigaré y te mantendré informado" o "tengo esa información, pero no puedo compartirla contigo en este momento porque..." Eres líder, no político, así que comparte lo que sabes y lo que tienes permitido compartir, y no aquello con lo que creas que puedes salirte con la tuya.

Es bueno dar una respuesta cuando se te pregunta algo, pero es mucho mejor compartir esa información sin esperar a que te la pregunten. Comunícate de forma proactiva. Los líderes con alto nivel de confianza son generosos cuando se trata de cuándo y qué compartir. Mantén a tu equipo informado respecto a asuntos y cambios importantes. Actualízalos con frecuencia para que reciban la información relacionada con problemas que afecten sus trabajos y el negocio.

Sin embargo, asegúrate de no sobrecargar a tu gente con demasiada información.

Proponte encontrar el balance entre muy poco y demasiado. Comparte muy poco y crearás la sospecha de que algo está pasando. Comparte demasiado y podrías causar confusión. Pero lo más importante: podrías causar que las personas se desmotiven. Si la información es confusa o difícil de digerir, muchas personas simplemente no se tomarán el tiempo, lo que significa que la información importante quedará enterrada entre los detalles que son menos importantes. Entonces, ¿cómo encontrar el nivel adecuado? Escucha a tu equipo: ellos te dirán cómo lo estás haciendo.

A veces lo que omites es más importante que lo que compartes. Por ejemplo, un grupo de colaboradores en una gran compañía escuchó rumores de que una de sus sucursales cerraría pronto. Pero su líder les aseguró que no eran ciertos esos rumores. Unas semanas después, los colaboradores estaban atónitos cuando se enteraron que la sucursal, aunque permanecía abierta, dejaría de ofrecer una gran gama de servicios y que dos terceras partes de los colaboradores en esa sucursal perderían su empleo.

Cuando lo enfrentaron, el líder justificó su respuesta previa con base en que con toda honestidad les había dicho a sus colaboradores que la sucursal no cerraría. Aunque es cierto que los colaboradores no hicieron "la pregunta correcta", -sin importar si la compañía planeó reducir operaciones en la sucursal y cómo se perderían muchos empleos- un líder con alto nivel de confianza jamás intentaría justificar la retención de información debido a la forma en que se formuló una pregunta. Ya sea una mentira directa o una mentira por omisión (suprimiendo una parte importante de información), sigue siendo una mentira. Si sabes más de lo que puedes compartir, comunícale eso a tus colaboradores. Una plática directa se trata tanto de la información que compartes sin que se te pregunte al respecto, como de lo que respondes cuando te hacen una pregunta.

PUNTOS CLAVES

○ No esperes a que te pregunten. Comunícate de forma proactiva.

○ No sólo importa lo que dices, lo que *no* dices también es importante. Dar una impresión errónea al omitir deliberadamente información importante, es simplemente mentir con otro nombre y ambos tienen el mismo impacto en la confianza.

○ Sé claro y generoso con la información que compartes. No puede existir confianza sin la verdad.

REGLA 6

BUSCA Y TOMA EN CUENTA SUGER- ENCIAS E IDEAS

DE ACUERDO CON EL LIBRO *The Idea-Driven Organization* ("La Organización Dirigida por Ideas") de los profesores Alan Robinson y Dean Schroeder, cerca del 80 por ciento del potencial de mejora de una organización yace en solicitar ideas innovadoras de los trabajadores de vanguardia.[4] Eso no es sorprendente. Los colaboradores ven lo que funciona y lo que puede mejorarse. Ellos experimentan de primera mano las frustraciones que sienten sus clientes. Ellos son testigos de las oportunidades que se pierden y de la pérdida de

esfuerzos, recursos y dinero. Como verdaderos expertos en su trabajo, a menudo tienen grandes sugerencias
acerca de cómo mejorar la eficiencia, ahorrar dinero,
mejorar la atención al cliente y promover la productividad. Muchos colaboradores desean que alguien se inter-
ese en sus ideas. Pero algunos otros, hace mucho tiempo
que dejaron de preocuparse.

Muchas compañías tienen programas de sugerencias
para los colaboradores que alientan a estos últimos a
dar su opinión, pero, tristemente, muchos de estos programas simplemente no funcionan para nadie.

Entonces, ¿por qué fallan las estrategias para pedir
sugerencias?

Muchas veces sucede que se les pide a los colaboradores demasiada información que respalde su sugerencia o idea. En algunos casos se les pide que resuman su
idea en detalle excesivo, o que den información técnica o
financiera a la que no tienen acceso. Otros programas no
permiten que los colaboradores reporten un problema
o que den retroalimentación sobre un asunto a menos
que tengan una solución, lo que significa que muchos
problemas no son reportados a pesar de la posibilidad de
que otro colaborador o equipo pueda tener la respuesta.
Finalmente, algunos programas tienen problemas
porque no entusiasman o comprometen al colaborador.

Los líderes por su parte, también suelen estar renuentes a buscar las ideas u opiniones de sus colaboradores porque no saben cómo procesar y utilizar la información que reciben y además les preocupa la posibilidad de que el colaborador pueda molestarse si su idea es cuestionada.

En general, la desaparición de los programas de sugerencias tiende a seguir un patrón predecible y en su origen está la incapacidad de los líderes para enterarse, considerar o actuar sobre las ideas de los colaboradores.

Al inicio, los colaboradores presentan con entusiasmo sus ideas, por sentirse honrados de ser tomados en cuenta. Aunque algunas sugerencias podrían llegar a ser implementadas por la organización, la mayoría son ignoradas, lo que provoca que muchos colaboradores decidan reservarse su siguiente gran idea. O peor, dejan de comprometerse. Dejan de interesarse en problemas recurrentes u oportunidades perdidas que previamente pudiesen haber detectado y se dicen a sí mismos que "no es su problema" o que "si los líderes quieren saber, entonces preguntarán".

No es difícil entender por qué un líder escogería ignorar una sugerencia o idea y esperar que ésta desaparezca. Sucede que algunas sugerencias no son prácticas o viables, mientras que de otras podría decirse elegantemente que "no han sido muy bien pensadas".

Entiendo por qué un líder muy ocupado podría estar tentado a enterrar un listado de sugerencias al final de un archivero, en lugar de hacerse el tiempo de explorarlas a fondo con el colaborador que la generó o comentar en forma abierta directa y honesta por qué la sugerencia no puede implementarse. Todo esto es entendible, pero esa no es la solución.

Ésta es la forma en la que puedes evitar esta situación:

Antes de pedir la opinión a tus colaboradores, piensa qué es lo que realmente quieres saber. La calidad de las preguntas que plantees dictará la calidad de la respuesta que obtendrás. Utiliza preguntas abiertas para obtener respuestas razonadas y elaboradas. Pide el punto de vista de tus colaboradores sobre desafíos mayores (por ejemplo, cómo reducir los costos de envíos internacionales) o pide su opinión sobre un problema en específico (como la recurrente escasez de existencias).

Pide sólo la cantidad mínima de información necesaria para presentar las ideas o sugerencias. Si consideras que una idea es interesante, siempre puedes regresar y solicitar más detalles posteriormente. Recibe información sobre los problemas que ven tus colaboradores, incluso si no cuentan con una solución aparente. Solamente tener el conocimiento de que existe un problema, es la mitad de la batalla.

Compromete a tu gente, de forma individual o en grupos, e invítala a compartir sus sugerencias sobre cómo podrían mejorar las cosas. Ofrece distintas formas para contribuir de manera tal que cada colaborador utilice el canal que mejor le convenga. Algunos estarán entusiasmados de proporcionar sus ideas en persona mientras que otros preferirán la distancia que ofrece el correo electrónico. Si tus colaboradores ya dan sugerencias en juntas y en conversaciones diarias, toma lo que funciona en lugar de lanzar o intentar re-implementar un programa de sugerencias más formal.

Si otros líderes anteriormente han tratado y fracasado con otras iniciativas de sugerencias de colaboradores, no ignores ese hecho. Explícales a tus colaboradores que quieres aprovechar su conocimiento y experiencia, reconoce los fracasos anteriores y pídeles que te digan cómo les gustaría compartir sus ideas y visiones sobre el futuro.

Preguntar es fácil. El seguimiento es la parte difícil. No pidas la opinión de tus colaboradores si no quieres saber lo que piensan. No preguntes a menos que estés completamente comprometido a responder a sus sugerencias y a informarles cómo planeas usar sus opiniones. De otra forma, solamente desanimarás a tu equipo y desearán no haber compartido sus ideas. Promételes que cuando no puedas implementar una sugerencia, siempre les informarás la razón para ello. Incluso si una idea no es práctica o viable, tu equipo respetará tu plática directa y retroalimentación honesta. Tu búsqueda activa de sugerencias e ideas aumentará la confianza y la colaboración en tu lugar para trabajar

PUNTOS CLAVES

○ Si quieres grandes respuestas, comienza
   haciendo grandes preguntas. Las preguntas
   abiertas crean respuestas razonadas. Las
   preguntas cerradas no.

○ No esperes a que les llegue la inspiración.
   Motiva a tus colaboradores a crear
   soluciones e ideas a través de una lluvia de
   ideas y dales la oportunidad de desarrollar
   las mejores más a fondo.

○ Proporciona retroalimentación de cada
   sugerencia que te ofrezcan sin importar
   que tan extravagante sea. Sé constructivo,
   honesto y delicado.

INVOLUCRA A LOS DEMÁS EN LAS DECISIONES QUE LOS AFECTAN

EL CAMBIO ES INEVITABLE EN todas las compañías y negocios y podría ser difícil para quienes resultan afectados. Con frecuencia, no es el cambio en sí el que molesta a las personas, sino la falta de control o influencia sobre los eventos que resultan de dicho cambio.

Los líderes con alto nivel de confianza entienden esto y crean oportunidades para que los colaboradores formen parte del proceso de toma de decisiones respecto a los asuntos que afectan su trabajo o lugar de trabajo. Los colaboradores que se involucran de esta forma desarrollan un mejor entendimiento de la razón por la que se tomaron las decisiones y reconocen la responsabilidad que representa el tomar esas decisiones. Desarrollan un sentido más profundo de pertenencia en su trabajo y un sentido de responsabilidad para con la implementación exitosa de los cambios porque que se han involucrado muy de cerca en el proceso de darles forma.

Casi siempre debiera ser posible dar la oportunidad a los colaboradores al menos de opinar sobre las decisiones que los afectarán. Tristemente, parece que casi nunca pasa, lo que es desconcertante. Los colaboradores conocen mejor todo lo que involucra el realizar sus trabajos y, por lo tanto, también tienden a tener buenas ideas sobre cómo arreglar o mejorar procesos o problemas que se relacionan con los mismos. Buscar la participación de los colaboradores en decisiones que los afectarán tiene mucho sentido desde el punto de vista del negocio, pero también, es lo correcto y muestra respeto.

Por ejemplo, los grandes lugares para trabajar no son inmunes a disminuciones en la actividad económica y muchos de ellos han tenido que recurrir a recortes salariales o despidos en algún momento. Estas disminuciones en la actividad económica son momentos de particular incertidumbre: las circunstancias pueden cambiar diariamente o a cada hora, los líderes a menudo tienen poca información, pero se espera de ellos que tengan todas las respuestas y un sentimiento fatalista podría adueñarse del lugar de trabajo. He tenido el privilegio de trabajar de cerca con muchas organizaciones excelentes mientras operaban en momentos así de difíciles y ha sido fascinante ver cómo actuaron en momentos de tanta presión. Por ejemplo, cuando se enfrentaron a la decisión de recortar salarios o despedir colaboradores, en lugar de esconderse o fingir que no tenían información, los líderes con alto nivel de confianza en aquellos grandes lugares para trabajar involucraban a sus colaboradores desde el inicio. Compartían lo que sabían y eran honestos sobre lo que ignoraban. Les explicaban las presiones y desafíos de la situación con franqueza y buscaban la opinión y posibles soluciones que pudiera darles su gente.

Y los colaboradores no los decepcionaban. Algunos sugirieron miles de formas para ahorrar y evitar despidos. Otros equipos sugirieron recortes salariales para reducir costos. Muchas empresas se organizaron para reducir costos sin reducir el número de colaboradores o su nómina a través de infinidad de iniciativas dirigidas por sus colaboradores. Como muestran estos ejemplos, la disposición de los colaboradores para trabajar con sus líderes y encontrar soluciones aceptables es un resultado directo del respeto mostrado a estos colaboradores previamente. Piénsalo como una reserva de confianza que tanto los líderes como los colaboradores pueden aumentar y utilizar en diferentes momentos. Entre más grande sea tu reserva, mayor será tu capacidad para aprovechar la confianza acumulada, cuando sea necesario.

Así que, la próxima vez que se avecine un cambio o una decisión importante, busca la opinión de tu equipo. Involúcralos en cualquier decisión que afecte su trabajo: cómo se realiza, organiza, planifica y asigna el trabajo que hacen o el ambiente en el que trabajan.

Comparte de forma proactiva tanta información como te sea posible, asegurándote de hacerles saber si tienes más información de la que les puedes compartir. Explícales las circunstancias que han llevado a este punto de toma de decisiones o que fue lo que originó que los cambios fueran necesarios. Busca su opinión, pero solamente sobre aquellos aspectos en los que realmente puedan influir. Si ya has tomado una decisión respecto a un asunto, no finjas que el resultado está todavía a discusión. En lugar de eso, explica la decisión definitiva y los motivos por los que la tomaste y enfatiza lo que sí se encuentra todavía en discusión. Por ejemplo, la introducción de nuevos horarios de atención extendidos podría no ser negociable, pero tal vez el equipo pueda hacerse responsable de re-estructurar los nuevos horarios de cada uno. O, en casos de cambios en el presupuesto de ventas, el nuevo objetivo podría ser ajustado explorando opciones para alcanzarlo junto a tu equipo.

Cada colaborador debería tener la oportunidad de involucrarse en discusiones y decisiones de grupo, pero no todos los colaboradores tienen las competencias y experiencia necesarias para contribuir eficazmente. Los participantes con menos experiencia podrían no comprender totalmente los asuntos en cuestión o no saber lo suficiente todavía para decidir qué opciones elegir. No esperes el mismo nivel de contribución de un colaborador que acaba de graduarse que de uno con años de experiencia y que está familiarizado con la organización y sus prioridades comerciales.

También debes aceptar que no todos *quieren* involucrarse en la toma de decisiones en la misma medida. Algunos colaboradores adoptarán la oportunidad de forma entusiasta, mientras que otros podrían estar renuentes a participar. Aunque respetes el derecho de cada colaborador a involucrarse en la medida que lo desee, alienta la participación más amplia posible. Tu equipo se empobrece entre menos colaboradores participen ya que menos opiniones y perspectivas están disponibles.

Recuerda que involucrar a los colaboradores en la toma de decisiones no es lo mismo que una "toma de decisiones colectiva". La participación del colaborador significa que buscas su opinión y que tomas esa opinión en cuenta al momento de tomar tu decisión. Pero *tú* tomas la decisión. La toma de decisiones colectiva es muy diferente ya que implica que el grupo tomará la decisión. Eso no es lo que estoy sugiriendo. Los líderes gerencian. Y eso significa que tú tienes la última palabra y asumes la total responsabilidad, de las decisiones.

¿Cuál es la desventaja de involucrar a los colaboradores en la toma de decisiones? La participación de los colaboradores tomará mucho más de tu tiempo. Los grupos necesitan más tiempo para considerar un asunto, lo que puede enlentecer tu toma de decisiones. Tu capacidad para responder lo suficientemente rápido frente a un cambio podría verse comprometida.

Además, involucrar a más personas en decisiones clave inevitablemente significa compartir datos e información importante, parte de la cual, podría ser confidencial. Es comprensible que te inquiete la posibilidad que tus colaboradores comenten esa información con personas fuera del grupo o de la organización, entre más personas conozcan la información confidencial, hay mayor riesgo de que ésta sea divulgada. Y también está el problema del precedente: una vez que hayas involucrado a tus colaboradores en alguna toma decisión, te arriesgas a dañar su moral y compromiso si los excluyes al tomar otras decisiones.

No obstante, los beneficios de involucrar a tus colaboradores en la toma de decisiones, sobrepasan ampliamente los riesgos y posibles desventajas. Los colaboradores, por lo general se resisten al cambio porque no entienden sus razones o cómo este afectará sus vidas tanto profesionales como personales. Pero si les das a tus colaboradores la oportunidad de participar en las decisiones que los afectarán, también los ayudas a entender por qué es necesario el cambio que inevitablemente llegará y los tendrás involucrados en el más rápido.

Pero aún más importante, cuando involucras a tus colaboradores en el proceso de toma de decisiones, tus colaboradores sabrán que los valoras y harán cualquier cosa para garantizar el éxito del equipo. Cuando los colaboradores tienen un panorama completo de la organización en general y de las decisiones con las que sus líderes deben lidiar, ellos toman mejores decisiones en el día a día. Cuando los colaboradores se sienten dueños de las decisiones importantes y tienen un entendimiento más profundo del porqué fueron tomadas, no pierden energía en criticarlas o buscar culpables cuando las decisiones no resultan como fueron planeadas. En lugar de ello, trabajan arduamente para poner las cosas en orden. Y tanto la moral como la motivación son más altas porque los colaboradores saben que están haciendo la diferencia para el éxito del equipo.

Involucrar a tus colaboradores en el proceso de toma de decisiones requiere tiempo y energía, pero este enfoque colaborativo tiene mucho mayor potencial que su alternativa: gerenciar por decreto.

PUNTOS CLAVE

○ Cuando sea necesario tomar decisiones difíciles, pide la opinión de tus colaboradores, pero sólo sobre aquellos aspectos de la decisión en los que realmente puedan influir.

○ Involucrar a los colaboradores en el proceso de toma de decisiones significa que pides su opinión, no que ellos toman la decisión. Toma en cuenta su opinión, pero, como líder, tú tomas la decisión definitiva.

○ No todos los colaboradores tienen las aptitudes y experiencia para participar en la toma de decisiones y no todos los colaboradores desean ser parte del proceso. Respeta las limitaciones y la disposición para participar, pero alienta a participar a cuanta gente sea posible.

REGLA 8

EXPLICA CLARA-
MENTE TUS
EXPECTATIVAS

¿SABEN TUS COLABORADORES LO QUE esperas de ellos? ¿Te has sentado con ellos a explicarles las expectativas que tienes para cada una de sus principales responsabilidades? ¿Les has proporcionado ejemplos específicos de cómo sería un desempeño excelente en su puesto? Y si lo has hecho, ¿estás seguro de que su entendimiento de dichas expectativas concuerda con el tuyo?

Tus colaboradores necesitan saber qué esperas de ellos. De hecho, tienen el *derecho* a saberlo porque, ¿de qué otra forma podrían tener éxito en su puesto? Cuando entienden tus expectativas, tus colaboradores pueden establecer sus metas, elegir las prioridades correctas y confiar en que saben en dónde se encuentran contigo.

Tus expectativas de cada colaborador se clasifican en dos categorías: formales e informales. Las expectativas formales de un cargo son normalmente descritas como objetivos de desempeño SMART (por sus siglas en inglés): Específicos, Cuantificables, Acordados, Realistas y delimitados en el tiempo (es decir, que tienen fechas definidas para su cumplimiento). También tienes expectativas informales sobre cómo deberían comportarse, colaborar e interactuar tus colaboradores en el día a día. En última instancia, tus colaboradores necesitan conocer las respuestas a las siguientes cuatro preguntas:

- *¿Qué esperas de mí?* Antes de que les digas a tus colaboradores lo que esperas de ellos, escribe dichas expectativas. Si no puedes escribirlas de forma clara, tampoco podrás compartirlas claramente y definitivamente no podrás esperar que tus colaboradores las entiendan. Empieza por desarrollar descripciones de puesto y objetivos de desempeño coherentes que describan de forma precisa tus expectativas para cada uno de tus colaboradores. Revísalas con ellos regularmente para mantenerlas actualizadas y relevantes para el trabajo que tus colaboradores están realizando. Establece esos objetivos y expectativas en un contexto amplio, con el fin de que tus colaboradores entiendan el impacto que tendrá su desempeño en el éxito del equipo. Asegúrate de que tengan las aptitudes, experiencia, habilidades y actitud necesarias para tener éxito. Finalmente, en cada conversación que tengas sobre estos objetivos, verifica que tus colaboradores entiendan realmente cuáles son tus expectativas.

- *¿Cómo lo estoy haciendo?* Proporciónales retroalimentación continua. Siéntate de forma periódica con cada colaborador para hablar sobre tus expectativas. No te avergüences por dar retroalimentación honesta cuando el desempeño de un colaborador esté muy lejos de las expectativas que estableciste para él. Incluso los colaboradores estrella en ocasiones necesitan ayuda y retroalimentación para mantenerse en el camino correcto.

- *¿Dónde me encuentro?* Mientras que la retroalimentación continua ayudará a los colaboradores en sus tareas cotidianas, también necesitas informarles de manera estructurada en dónde se encuentra su desempeño general respecto a las expectativas que estableciste. Todavía no he encontrado el sistema de evaluación de desempeño perfecto, pero independientemente de las fallas que tenga el tuyo, úsalo. De forma adecuada. Todos los colaboradores tienen expectativas respecto a sus objetivos, sus evaluaciones de desempeño y a su desarrollo y progreso profesional y es tu responsabilidad asegurarte de que se cumplan dichas expectativas.

• *¿Cómo puedo mejorar?* No es suficiente decirles a tus colaboradores lo que están haciendo mal o resaltar las áreas en las que no están cumpliendo con tus expectativas. Diles *cómo* mejorar y ayúdales a eliminar la brecha asesorándolos y capacitándolos.

No dependas exclusivamente de sesiones individuales con cada colaborador para establecer expectativas y medir el desempeño. Organiza también juntas regulares y cortas con tu equipo para revisar los objetivos departamentales, los esfuerzos del equipo y los proyectos futuros. Comunica las expectativas a todo el equipo al mismo tiempo. Pide sus ideas y retroalimentación y tómalas en cuenta. Tu equipo apreciará tu flexibilidad cuando ajustes tus expectativas en base a su retroalimentación honesta y trabajarán más duro para cumplir los objetivos que ellos y tú, saben que son realistas y justos.

PUNTOS CLAVE

○ Siéntate regularmente con cada colaborador para hablar de tus expectativas y compartir tus ideas sobre cómo debe ser un desempeño excelente en ese puesto.

○ Verifica su entendimiento al pedirles a tus colaboradores de forma periódica que te digan lo que *ellos* piensan que tú esperas de ellos y lo que *ellos* entienden como un desempeño exitoso en sus puestos.

○ Si tu compañía cuenta con un sistema formal de evaluación del desempeño, úsalo.

REGLA 9

DA LA BIEN-VENIDA CON CALIDEZ

HAS ENCONTRADO A LA PERSONA ideal para que se una a tu equipo. Piensa en todo el esfuerzo que hiciste para encontrarla, para asegurarte de que, simplemente, fuera la persona adecuada. Ahora, esfuérzate el doble para darle la bienvenida más cálida, amigable y legendaria que sea posible. Éste es el gran día. ¡Demuéstrale que es un gran día para ti también!

Para ti y tus colegas, puede que sea un día rutinario, solo que una nueva persona se está uniendo al equipo. Pero para el nuevo colaborador, hoy es la culminación de un proceso que ha durado meses. Encontrar la vacante. Considerarla. Finalizar el proceso de aplicación, después el proceso de selección y posteriormente el agotador proceso de espera, antes de recibir finalmente las buenas noticias: Consiguió el empleo. ¡Felicidades!

Ahora, inician los interrogantes del "primer día". ¿Cuál será el código de vestimenta? ¿Qué tanto tiempo le tomara ir a volver a casa? ¿Será amable su nuevo jefe o jefa? ¿Se llevará bien con sus compañeros de trabajo? Hay muchas más preguntas, decisiones y planes que hacer. Para los nuevos colaboradores, imaginar el primer día en el trabajo es probablemente una mezcla de incertidumbre y nerviosismo, acompañado de una gran dosis de emoción, energía y entusiasmo.

Y entonces el primer día llega. La burbuja explota. La emoción y el entusiasmo se convierten en una extraña incomodidad cuando tu nuevo colaborador cae en cuenta de que al parecer nadie lo está esperando. Veinte minutos esperando en el lobby mientras en la recepción tratan de dar con alguien que pueda hacerlo pasar... "¿Cómo me dijo que se llama?" Una hora sentado en un escritorio esperando que termines tu junta y todo mientras sonríe incómodamente al ver a curiosos desconocidos. Preguntándose dónde está el sanitario, pero temeroso de ir a explorar en caso de que salgas por él. Y todos usando pantalones de mezclilla: ahora siente que se vistió para una boda. O un funeral. Su funeral.

Exageré un poco para que se entienda el punto. Pero, lamentablemente, ésta es una descripción bastante exacta del tipo de bienvenida que casi siempre le espera a los nuevos colaboradores. Hay otras variantes, por supuesto. La bienvenida en la que debe "leer este manual todo el día para que se dé una idea de lo que hacemos". La bienvenida en la que debe "sentarse con Juan toda esta semana y ver lo que hace". La bienvenida en la que "lo invitan a desayunar, pero cuando llega a la mesa, no hay lugar para él".

Hay mejores maneras de minimizar la incertidumbre de un nuevo colaborador, calmar su nerviosismo, compartir su emoción y alimentar su entusiasmo. Solamente necesitas un plan. Vamos a analizar algunas ideas.

INICIA CON UNA ESTRATE-GIA DE BIENVENIDA

Diseña una estrategia para garantizar que los nuevos colaboradores se sientan cómodos, aceptados y bienvenidos desde el momento en que se enteran que obtuvieron el empleo. Reúne a tu equipo y aliéntalos a hablar sobre *su* primer día como formas de sensibilizarlos respecto de cuál es la mejor forma de recibir a la nueva persona al equipo. Exploren lo que salió bien aquella vez y lo que podría haberse hecho mejor. Reúne a un pequeño equipo para que maneje el proyecto, incluyendo a colaboradores que han trabajado ahí durante mucho tiempo para que aporten su experiencia y a nuevos colaboradores para que aporten su empatía y entusiasmo. Todos tienen responsabilidad en asegurarse que estos prometedores nuevos colaboradores se adapten tan rápido como sea posible y que permanezcan en la organización por largo tiempo. Después de todo, si solamente duran unas cuantas semanas en el empleo, su partida afectará a todos en el equipo.

DALE LA BIENVENIDA A TU NUEVO COLABORADOR ANTES DE SU PRIMER DÍA

Llama a tu nuevo colaborador aproximadamente una semana previa al día en que iniciará sus labores. Sé entusiasta y amable. Proporciónale la información básica que necesitará: cómo y dónde presentarse, el código de vestimenta y el plan para su primer día. Aliéntalo para que te haga preguntas, no importa qué tan triviales considere que sean. Envíale un correo electrónico inmediatamente después para confirmar los detalles y responder cualquier duda que haya surgido durante la llamada.

Además, considera reunirte con él para tomar un café o desayunar antes de que comience, posiblemente con algunos de sus nuevos colegas, para calmar el nerviosismo que tu nuevo colaborador pudiera sentir. Esta visita le dará la oportunidad de conocer al equipo en un ambiente social y hablar sobre cosas que no sean necesariamente de trabajo y hará que en su primer día ya conozca a algunos de sus nuevos compañeros.

Crea la dirección de correo electrónico de tu nuevo colaborador tan pronto como acepte tu oferta de trabajo. Posteriormente, anima a todos los miembros de tu equipo a que le escriban un breve correo electrónico para presentarse y darle la bienvenida. Imagina la sorpresa de tu nuevo colaborador al iniciar sesión por primera vez en su cuenta de correo, tal vez será la única ocasión en su carrera en la que se sienta encantado y agradecido al encontrar una bandeja de entrada saturada. También asegúrate de que cuenta con todo lo indispensable, como un escritorio y una silla, un teléfono activado y todas las tarjetas de acceso o contraseñas necesarias en su primer día.

ASEGÚRATE DE QUE LE DEN LA BIEN-VENIDA EN SU PRIMER DÍA

¿Quién lo recibirá cuando llegue? Con frecuencia, la primera persona que conocerá el nuevo colaborador en su primer día será la recepcionista o el guardia de seguridad. Infórmales que esperas a tu nuevo colaborador. Enséñales una foto y diles el nombre y el puesto del nuevo colaborador. Aliéntalos a que le den la bienvenida para que cuando pregunte por ti en la recepción, lo saluden reconociéndolo cálidamente ("Supongo que usted es María, ¿cierto? ¡Bienvenida al equipo!"). ¿No crees que eso lo hará sentir bienvenido, especial y valorado?

Debes estar presente. Tú eres su jefe. Darle la bienvenida personalmente a tu nuevo colaborador es más importante que cualquier otra cosa que tengas que hacer y que cualquier otra persona con la te debas reunir en ese momento. No hay ninguna regla que diga que le debes pedir a tu nuevo colaborador que se presente a primera hora del lunes. Si tienes muchos pendientes al inicio de la semana, simplemente pídele que se presente el martes. Y si la primera hora del día siempre es agitada, pídele que se presente a medio día. Simplemente debes estar ahí, listo para prestarle tu total atención. Recíbelo en la recepción y acompáñalo a entrar. No lo hagas esperar.

DESARROLLA UN PLAN SOCIAL Y LABORAL

Las pausas para tomar café y para desayunar pueden representar un problema para los nuevos colaboradores. Si tienen suerte, habrá colegas empáticos y considerados que los incluyan. Si estás seguro de que esto es lo que pasará, perfecto. Pero si tienes alguna duda, no dejes la situación al azar.

Planea la primera semana del nuevo miembro del equipo. Haz una lista. Es tan simple como enviar un correo electrónico a tu equipo en el que les pidas que almuercen o tomen un descanso con su nuevo colega. Puede parecer algo forzado y tal vez lo es, pero no es ni la mitad de tortuoso como una primera semana con la incomodidad de comer solo o de intentar incorporarse en un grupo ya establecido. Una vez que hayas hecho esto con algunos colaboradores nuevos, esta iniciativa tomará vida propia ya que aquéllos a los que hayas recibido de esta forma querrán hacer lo mismo por sus nuevos compañeros.

Acompaña a tu colaborador y preséntalo personalmente al resto de la compañía (o departamento, dependiendo del tamaño de tus operaciones). O crea un sistema de acompañamiento para él. Elige a alguien que le muestre el lugar de trabajo al nuevo colaborador, que le explique cómo funciona el lugar y quién hace qué, asegúrate de que tenga oportunidades de conocer a sus nuevos compañeros durante el almuerzo o pausas para el café y ofrécele tu apoyo y guía según lo necesite.

Haz que el nuevo colaborador trabaje de forma productiva lo más rápido posible para ayudarle en la transición que va de ser un extraño a un miembro funcional del equipo. Invítalo a las reuniones que se relacionen con su área de responsabilidad y ayúdale a integrarse. Asegúrate de pedirle su opinión y escucharla atentamente: si las juntas por lo general son aceleradas y dinámicas, apóyalo y aliéntalo mientras se adapta y ajusta a la cultura. Y, por supuesto, involúcralo en todas las actividades sociales que se organicen en el lugar de trabajo.

Recuerda que es igual de importante darle la bienvenida a la gente que ha cambiado de puesto o que se ha unido a tu equipo desde otra área de la organización. Los líderes a menudo descuidan este proceso inicial de bienvenida en estos casos, lo que hace que sea muy valorado y apreciado cuando sí se lleva a cabo.

UNA INVERSIÓN PARA TODA LA VIDA

Nunca tendrás una mejor oportunidad de canalizar la energía, entusiasmo y compromiso de un nuevo miembro del equipo -incluso de conseguirlo para siempre- que la que tendrás en su primer día. Al darle una cálida bienvenida y ayudarle a establecerse, mandas un fuerte mensaje sobre el valor que le das a esta persona, fomentando niveles positivos de compañerismo y niveles más profundos de compromiso desde el primer día.

Es sorprendentemente fácil desarrollar e implementar una estrategia de bienvenida que hará una gran diferencia en la forma en la que un nuevo colaborador vive tu organización, dichas prácticas lo tendrán platicándole a su familia y amigos y a cualquier persona que lo escuche sobre su maravilloso nuevo trabajo en una organización increíble y con las personas más amables que haya conocido. Porque la gran mayoría de las organizaciones hacen esto tan mal, la gente comenta sobre aquellos casos en que se hace bien.

PUNTOS CLAVE

○ Alivia la ansiedad de tu nuevo colaborador
sobre su primer día al contactarlo con
anticipación.

○ No dejes al azar los primeros días de tu
nuevo colaborador; planéalos al detalle.
Nunca tendrás una segunda oportunidad
para dar la primera impresión.

○ Recuerda que un "nuevo" colaborador
no siempre es nuevo en la organización.
Asegúrate de dar una bienvenida igual de
atenta y cálida a los colaboradores que se
unen a tu equipo desde dentro de la misma
compañía. Es una gran oportunidad de
establecer el tono para esta siguiente etapa
en sus carreras y mostrarles lo que hace
especial a tu equipo.

REGLA 10

NINGÚN TRABAJO ES "SOLO" TRABAJO

NADIE EN TU EQUIPO ES insignificante o irrelevante. Nadie debe sentirse menos parte del equipo que los demás, sea que trabajen tiempo completo o parcial, que tengan veinte años o veinte días de experiencia, o que su puesto sea permanente, temporal o contractual. Nadie debe sentir que su participación vale menos que la de otra persona, sin importar qué tan general o básico sea su trabajo. Si su participación forma parte del éxito del equipo, es tan importante como cualquier otro colaborador. Y si su trabajo no contribuye al éxito del equipo, entonces ¿para qué existe ese trabajo?

Puedes hacerte una buena idea sobre cómo alguien percibe el valor de su puesto y el significado que encuentra en su trabajo, en la respuesta que dé a la pregunta: "¿qué es lo que haces?" Si su respuesta es similar a un "*sólo* limpio la oficina", o "*sólo* soy cajero", o "*sólo* trabajo medio tiempo", esa es una señal clara de que esa persona se siente mucho menos valiosa en su puesto de lo que necesitas que se sienta.

¿Por qué importa esto? Porque tu equipo solamente puede ser tan fuerte como su eslabón más débil. Los colaboradores que sienten que su participación apenas importa, se comprometen menos y contribuyen menos de lo que podrían, afectando así a todos los demás. A todos les interesa asegurarse de que las personas con ingresos menores o que tienen cargos de menor jerarquía estén comprometidas en tu equipo y sus actividades en el mismo grado que las otras personas con cargos de mayor estatus.

Cada colaborador debe sentir que su trabajo añade valor, que es significativo y que hace la diferencia en la vida de los demás. Un ingeniero que construye un desagüe en una zona de bajos ingresos que tiende a inundarse, probablemente sentirá que su trabajo importa. Pero si el mismo ingeniero tiene el trabajo de mantener la línea de producción en una fábrica de refrescos, probablemente no se sentirá de la misma forma y, si le preguntaran, podría decir que "*sólo* hace bebidas gaseosas". Como el caso del segundo ingeniero, la mayoría de nosotros trabaja en lugares "ordinarios" haciendo trabajos "ordinarios" que realmente no podríamos describir como significativos. Afortunadamente, realizar trabajos significativos no es lo mismo que encontrar significado en el trabajo. Las personas realizan un trabajo importante cuando, por ejemplo, sirven a una causa que les interesa en lo personal. Las personas encuentran significado en el trabajo que hacen al considerar el valor que agregan al realizar lo que hacen.

Si el trabajo no es intrínsecamente significativo, tú no *puedes* hacer que lo sea, pero si puedes ayudar a que cada colaborador encuentre significado en cualquiera que sea el trabajo que realiza y en cualquiera que sea el lugar de trabajo. Aquí te digo cómo:

* *Fomenta un sentido de comunidad.* Las personas se preocupan por su trabajo y sus colegas y se inspiran por esa solidaridad. Ayúdales a tus colaboradores a ver la manera en que su participación afecta a la comunidad conformada por tu lugar de trabajo. De esta forma obtendrás esta respuesta: "sólo hacemos bebidas gaseosas... pero mi trabajo de mantener esta línea funcionando permite que quinientas

personas que trabajan aquí lleven comida a sus casas todos los días".

- *Dales autonomía a tus colaboradores.* Es más probable que los colaboradores con un alto nivel de libertad y empoderamiento y que sientan que están usando su talento para alcanzar su máximo potencial, encuentren significado en su trabajo. Entonces, nuestro ingeniero de refrescos podría decir: "sólo se producen bebidas gaseosas, pero me enorgullece decir que he mantenido la línea de producción en funcionamiento por los últimos siete años sin ninguna interrupción".

- *Ayúdales a tus colaboradores a sentirse orgullosos de lo que hacen y por quienes lo hacen.* Los colaboradores de organizaciones respetadas o de marcas conocidas a menudo encuentran significativo el ser parte de ese éxito. Recuérdales a tus colaboradores el valor de su contribución al éxito general y de la marca de tu compañía. Nuestro ingeniero podría decir con orgullo: "no hago refrescos. Hago Coca-Cola".

- *Hazles sentir que pertenecen.* Alienta a *todos* a integrarse al trabajo y a las actividades sociales, en especial a los colaboradores de los turnos nocturnos o que trabajan de forma remota. Los colaboradores de otros turnos con frecuencia se sienten aislados. Los trabajadores remotos a menudo sienten que los demás los perciben como menos comprometidos y menos trabajadores que sus colegas que se encuentran en las oficinas centrales, incluso si la evidencia muestra que tienden a trabajar más horas, aunque diferentes y que son frecuentemente más productivos porque tienen menos distracciones. Encuentra distintas maneras de integrarlos: invítalos a la oficina o visítalos con regularidad e incluye un componente social en esas reuniones. También, ponte en contacto por teléfono.

Mi cliente Dave opera cerca de cien estacionamientos de distintos tamaños alrededor de Irlanda. Sus colaboradores trabajan largas horas; a menudo están solos en pequeñas casetas u oficinas y laboran bajo todas las condiciones climáticas. Él visita al menos cuatro veces al año cada ubicación, lo que le requiere pasar horas interminables en la carretera. Para estar conectado con cada uno de sus colaboradores en distintas ubicaciones, les llama mientras conduce, sólo para platicar. Su regla, la cual aplica estrictamente, es que pueden hablar de todo

- familia, fútbol, política, el clima- *excepto* de asuntos de trabajo.

La empresa de Dave fue reconocida dos veces como el Mejor Lugar para Trabajar en Irlanda. Se requiere compromiso y energía para hacer todas esas llamadas, pero con cada una, ayuda a sus colaboradores a sentir que pertenecen, que sus trabajos importan, que *ellos* importan y que confían en ellos y que trabajan para una compañía y un jefe, para la que vale la pena trabajar.

PUNTOS CLAVES

○ Nunca pierdas una oportunidad de ayudar
   a los colaboradores a entender cómo sus
   esfuerzos contribuyen al éxito del resto de la
   organización.

○ Deja que tus colaboradores decidan cómo
   hacer su trabajo para que se sientan
   orgullosos de su trabajo y del talento que
   ponen en el mismo.

○ Incluye a *todos* en las actividades sociales
   y de trabajo para que se sientan parte de la
   "familia".

REGLA 11

MUESTRA TU AGRADECIMIENTO

LA MAYORÍA DE NOSOTROS TRABAJA duro, la mayor parte del tiempo. Trabajamos en la medida de nuestras posibilidades, a menudo haciendo un esfuerzo extra cuando vemos que es necesario. Generalmente, hacemos nuestro trabajo, en silencio y sin escándalo. Y aunque no necesitamos o esperamos un elogio o gratitud constante, es agradable cuando lo recibimos.

Desafortunadamente, a pocos de nosotros nos agradecen o elogian lo suficiente o lo suficientemente bien. ¿Cuándo fue la última vez que un colaborador te pidió que le agradecieras menos o que disminuyeras la cantidad de elogios? ¡Exacto! Y dudo que hayas sentido la necesidad de hacer tú una solicitud similar a tu jefe.

El agradecimiento es simplemente hacer que los demás se sientan valorados y apreciados por su trabajo. Es importante y es importante hacerlo bien. Y como sucede con frecuencia en todo lo relacionado a liderar personas, no es lo que haces, sino cómo lo haces, lo que hace la diferencia. La autora y experta en agradecimiento Cindy Ventrice explica en su clásico *best seller, ¡Make Their Day! Employee Recognition That Works*, que: "El agradecimiento no es una placa, sino el significado detrás de esa placa. Se trata de construir relaciones e interesarse genuinamente en las personas y sus preferencias".[5]

Aunque frecuentemente hablamos de "agradecimiento" y "recompensas" en el mismo sentido, son conceptos totalmente diferentes. Ambos se otorgan a cambio de un buen desempeño o esfuerzo y su intención es motivar a los colaboradores tanto individual como conjuntamente. Pero, mientras las recompensas usualmente tienen un valor económico y ofrecen un beneficio tangible, tales como efectivo, una orden de compra o una experiencia, los beneficios del agradecimiento son principalmente psicológicos.

Así que, mientras las recompensas nos hacen sentir *bien*, el agradecimiento sincero, considerado y bien ejecutado siempre nos hará sentir *excelente*. Y lo mejor de todo es que, aunque posiblemente estés sujeto a límites respecto a cómo recompensas a tus colaboradores - debido a presupuestos o reglas internas, por ejemplo- tú puedes tomar todas las decisiones cuando se trata del agradecimiento.

Porque un buen agradecimiento no cuesta nada más que tiempo, consideración y esfuerzo.

CONVIÉRTETE EN CINTURÓN NEGRO DEL AGRADECIMIENTO

Un buen agradecimiento inicia con una buena observación. Para agradecer un buen trabajo, tienes que verlo personalmente o que alguien más te hable de él y eso significa estar presente, conectarte con frecuencia con cada uno de tus colaboradores y mostrar interés en lo que hacen. Toma en cuenta los esfuerzos y sacrificios que cada persona hace. Entérate de quién muestra devoción y dedicación recorriendo regularmente tu lugar de trabajo. Anota. Recuerda, los líderes con alto niveles de confianza tratan a todos de manera justa. No tratan a todos *igual*.

Los colaboradores raramente reciben atención personal de parte de sus líderes, por lo que cuando ocurre, lo notan. Así es como funciona el reconocimiento. Así que haz que suceda. Reconoce cualquier comportamiento que supere expectativas. Agradece las contribuciones destacadas, pero también agradece las muchas "pequeñas cosas" que hacen la diferencia, tales como un trabajo bien hecho, una persona que ayuda a otra, o un registro de asistencia al trabajo impecable.

Nunca agradezcas algo que no lo merece. Para que funcione, el elogio tiene que ser selectivo. Si elogias a todos y todo, muy pronto tus elogios no valdrán nada. Una buena regla general es que, si no puedes ser claro y *específico* respecto al comportamiento o actitud que originó el elogio, probablemente no sea una buena idea celebrarlo.

Un elogio es una herramienta poderosa para los líderes y aunque el elogio genérico es probablemente mejor que nada, el elogio más efectivo es el que es específico respecto de el comportamiento o desempeño del colaborador. Al agradecer el trabajo de alguna persona, habla menos sobre *qué* se logró y en su lugar enfócate en *cómo* se logró. Por ejemplo, no elogies a un colaborador por ser un "gran miembro del equipo", elógialo por "demostrar un gran trabajo en equipo al quedarse hasta tarde con Marcos y Marta para ayudarles con una solicitud urgente de un cliente". Esto les muestra a tus colaboradores que aprecias que estén trabajando correctamente, aún cuando no siempre lleva a los resultados deseados.

Nunca mezcles los elogios con retroalimentación en la misma conversación. Tu colaborador únicamente escuchará la retroalimentación. O la crítica. "Mostraste una gran paciencia y amabilidad al ayudar a ese cliente" es un elogio. "Pero la próxima vez también podrías tomar en cuenta..." es asesoría. Elogia ahora. Deja la asesoría para después.

Adapta la manera en la que agradeces a cada individuo para evitar que tus gestos bien intencionados te perjudiquen. A pesar de que dar un agradecimiento apropiado es una herramienta motivacional invaluable, cada colaborador es un mundo. Sí, a todos nos gusta sentirnos apreciados, pero no a todos nos gusta que nos lo demuestren *de la misma forma*. Distintos colaboradores percibirán gestos idénticos de manera diferente, dependiendo de su personalidad y su relación contigo. Algunos colaboradores, por ejemplo, recibirán bien el agradecimiento y elogio públicos, mientras que otros preferirían hacerse bolita y morir al ser elegidos en público.

El reconocimiento no tiene que ser grande y costoso para ser memorable y significativo. La mayoría de las veces, lo gratuito y simple es mejor. Ofrece tu agradecimiento con sinceridad y ofrécelo con regularidad. Esto les muestra a tus colaboradores que los valoras. Tu elogio es, sin exagerar, lo suficientemente poderoso para cambiar vidas. Maya Angelou, poeta y activista de derechos

civiles estadounidense, demostró haber entendido muy
bien esto cuando dijo: "He aprendido que las personas
olvidarán lo que dijiste, olvidarán lo que hiciste, pero
nunca olvidarán cómo los hiciste sentir".

Aunque agradecer las contribuciones de una persona forma la base de un sólido desempeño y aumenta
su moral, el agradecimiento de *equipo* también es importante y efectivo. Tu desafío es alcanzar el balance entre
ambos. Si te enfocas demasiado en el desempeño individual, perjudicarás el trabajo en equipo, crearás un
ambiente demasiado competitivo y tus colaboradores
creerán que esto es lo que valoras más. Si recompensas
a tus equipos sin reconocer las contribuciones individuales, te arriesgas a desmoralizar a tus grandes contribui-
dores, haciendo que se cuestionen por qué se esfuerzan
tanto cuando todos reciben la felicitación. ¿Cuál es la
solución? Agradece el desempeño tanto de equipo como
el individual y asegúrate de promover y recompensar la
"cooperación" como un comportamiento valorado.

Además, recuerda mostrar aprecio por aquéllos que
se van, sea porque se retiran o porque seguirán nuevos
caminos. Aprovechar la oportunidad de agradecerles su
contribución es suficiente razón para hacerlo, pero también, al hacerlo le muestras al resto del equipo la manera
en que pueden esperar ser tratados cuando sea *su* turno
de seguir adelante. Un líder que ignora o que apenas

reconoce la contribución de un colega que se va, envía un mensaje claro al resto de que, cuando sea su turno, pueden esperar poca gratitud por los esfuerzos y logros pasados. Por otra parte, el agradecimiento sincero y considerado envía un mensaje de valoración y aprecio, no solo para el colaborador que se retira, sino para todos.

LAS MEJORES COSAS DE LA VIDA (A VECES) SON GRATIS

Cuando se trata de agradecimiento, frecuentemente lo que vale es la intención. ¿No hay presupuesto para lujosos regalos de navidad? Un chocolate o unos panes dulces cualquier día de la semana serán muy apreciados y tendrá un mayor impacto que cualquier otra cosa que pudieras darles en las semanas previas a Navidad, cuando es común dar regalos. Piensa qué otro tipo de regalos están a tu alcance: Unas pocas horas libres. Entrada tarde. Salida temprano. Un día libre. Que usen tu lugar de estacionamiento. Un día con tu cómoda silla. Lo que sea. El regalo en sí es mucho menos importante que el reconocimiento que el agradecer confiere.

A continuación, te presento una pequeña selección de ideas de agradecimiento que puedes implementar a bajo o ningún costo y sin la aprobación de nadie:

- *Da las gracias.* Dirígete al lugar de trabajo del colaborador y dile cuánto aprecias sus esfuerzos extras.

- *Escribe una nota de agradecimiento.* Muestra tu aprecio y escribe un correo electrónico, tarjeta o, para un mayor impacto, una carta personal escrita a mano.

- *Comparte los éxitos de los colaboradores con todo el equipo.* Cuando un colaborador recibe comentarios positivos de un cliente o tú recibes un correo electrónico en el que feliciten a un miembro de tu equipo por un trabajo bien hecho, no lo mantengas en privado. Envía el correo electrónico a todos los miembros del equipo, comparte los comentarios en una reunión de equipo, o muéstralos en un tablero de anuncios de "agradecimientos".

- *Realiza elogios durante las reuniones de equipo.* Dedica tiempo en tus reuniones de equipo para reconocer y agradecer a los colaboradores quienes han ido la milla extra. Pero no los elogies por elogiarlos. Si agradeces a demasiadas personas con mucha frecuencia, muy pronto dejarán de notarlo.

Cuando no tienes nada que valga la pena decir, no digas nada.

* *Lleva a almorzar a tu colaborador.* No te preocupes si tienes un presupuesto limitado. A la mayoría de los colaboradores no les importará el lugar o el gasto; ellos valoran que los hayas elegido y que te tomaste el tiempo para estar con ellos.

* *Invita el costo de una cena a tu colaborador.* Algunos colaboradores disfrutarían una cena todo pagado con sus jefes; otros preferirían disfrutar el detalle con su pareja.

* *Organiza una celebración informal.* Compra un pastel o dulces y reúne a tu equipo y explícales por qué los invitaste a esta pequeña celebración. O aún mejor, cuando quieras mostrar tu aprecio a alguien, pídele a su amigo más cercano que organice la celebración para que proponga ideas más personalizadas y creativas.

* *Festeja los cumpleaños de los colaboradores.* O aniversarios laborales. O ambos. Nunca faltan eventos para celebrar: el nacimiento de un hijo o nieto o incluso el nacimiento de un cachorrito *o*

un gatito. Recuerda que la razón para celebrar es mostrar tu aprecio por quien es el colaborador y lo que aporta al equipo. El evento en sí es tan sólo es una excusa para mostrar tu gratitud.

- *Organiza una semana de aprecio al colaborador.* Lo único que te limita es tu presupuesto y tu imaginación, en ese orden. Las celebraciones de bajo costo y las palabras sinceras y bien elegidas tendrán un mayor impacto que una gran celebración, con arreglos ostentosos y palabras vacías.

- *Muestra tu reconocimiento con la familia del colaborador.* A algunos líderes les gusta enviar notas a la familia del colaborador, en donde resaltan sus valiosas aportaciones al equipo. Pero hazlo solamente si conoces la situación familiar del colaborador. Aunque puede ser una herramienta de agradecimiento efectiva, también conlleva un posible desastre. Una nota de tu parte para la familia de un colaborador, en la que agradeces el gigantesco esfuerzo y horas extras que el colaborador ha trabajado durante los últimos seis meses, podría ser la última gota que derrame el vaso en su relación si su ausencia de casa ha provocado problemas recientemente.

• *Organiza una ceremonia de premios anual para tu equipo.* Deja que tu equipo explore su lado creativo y que planee lo que se le ocurra. Presenta una lista de categorías individuales y de equipo: algunas serias, otras no tanto. Un certificado para cada premio es todo lo que necesitas, o, ¿qué tal unos premios personalizados que se relacionen de forma única con el trabajo que realiza tu equipo? No estás intentando competir con los premios Oscar y realmente la intención es lo que cuenta. Al iniciar la ceremonia, tómate unos minutos para resaltar que es el compromiso que fortalece al equipo lo que se está celebrando, pero no insistas en el punto. El agradecimiento es importante, pero también importa la experiencia y diversión compartida del equipo: así es que tu objetivo debe ser mucha risa y diversión.

• *Alienta a tus compañeros a que se agradezcan y reconozcan entre sí.* Los colaboradores se motivan al saber que sus colegas valoran las aportaciones que realizan. El reconocimiento de los compañeros es mejor cuando surge del mismo equipo. Si ven que eres tú quien lo está fomentando, hay riesgo de que tus colaboradores lo vean como una táctica para el gerenciamiento. Sugiérele a tu equipo la idea de un programa de agradecimiento entre compañeros y deja que se organicen, no vuelvas a intervenir. Déjalos decidir cómo quieren hacerlo: formal, informal o una combinación de ambos. Cualquier enfoque servirá, mientras se obtengan los resultados esperados.

¿MUY OCUPADO PARA AGRADE-CER? ¡PIÉNSALO DOS VECES!

Para los líderes con alto niveles de confianza, el agradecimiento es una prioridad. No caigas en la trampa de creer que no tienes tiempo para agradecer. Sería como decir que tampoco tienes tiempo para ser líder. Un agradecimiento pequeño, pero con frecuencia, funciona mejor. No esperes seis meses hasta que sea tiempo de la evaluación de desempeño formal. Cuando veas o escuches sobre un buen desempeño, ¡agradécelo! Incluso cuando estés ocupado, no dejes ese agradecimiento para después. Tu trabajo se hace más fácil, no más difícil, cuando inviertes el tiempo y esfuerzo para reconocer los esfuerzos y logros de tus colaboradores.

PUNTOS CLAVE

○ Es casi imposible agradecer o elogiar en
   exceso. Recuerda que cuando se trata de
   agradecimiento, la forma de hacerlo es
   "gratuito, simple y con frecuencia".

○ No sólo le digas a un colaborador que hizo
   un buen trabajo; dile *cómo* es que hizo un
   buen trabajo.

○ Nunca elogies por elogiar. Todos lo notan y
   reduce el impacto del elogio sincero que das
   en otras ocasiones.

CONOCE A LA PERSONA EN SU TOTALIDAD

Tú TIENES UNA VIDA FUERA de la compañía y también los miembros de tu equipo la tienen. Así como un iceberg que yace escondido debajo de la superficie, lo que ves de cada colaborador en el lugar de trabajo sólo es una pequeña parte de su persona y de su vida. Hay muchos otros aspectos de la vida que son, o deberían ser, de mayor importancia que su trabajo: familia, mascotas y pasatiempos, por ejemplo.

Cada uno de nosotros es un individuo único y especial, con un pasado, un presente y un futuro separado e independiente de nuestra imagen como colaborador. Cada uno de nosotros tiene sus propias creencias y valores. La mayoría tiene responsabilidades con la familia, amigos y vecinos. Algunos desempeñan un papel central en clubes, sociedades, iglesias y comunidades. Otros son amantes de las mascotas, escaladores, aficionados a los rompecabezas o historiadores aficionados. A muchos de nosotros nos definen mejor nuestras circunstancias personales, responsabilidades e intereses, que lo que hacemos para ganarnos la vida.

Cuando mostramos un interés sincero en los miembros del equipo como individuos únicos y no sólo como colaboradores, mostramos respeto por la complejidad de sus vidas. Al hacerlo, preparas el terreno para que ellos confíen en ti.

Mostrar interés en la vida personal de tus colaboradores no requiere preguntas indiscretas de tu parte. Algunos colaboradores resguardan minuciosamente su privacidad y establecen barreras claras entre su vida laboral y su vida personal. Otros ven poca diferencia entre ambas vidas y están felices de compartir cada una con las personas en las que confían. De la misma forma, algunos líderes tienen un talento natural para facilitar que las personas hablen sobre asuntos personales, mientras que a otros les resulta terriblemente difícil. La clave es encontrar el punto intermedio en el que tanto tus colaboradores como tú, se sientan cómodos y en donde ambos puedan ser "ustedes mismos".

Tu tarea como líder atento, consiste simplemente en mostrar con tus palabras y acciones que entiendes que cada uno de tus colegas es mucho más que "sólo un colaborador". No se trata de saber hasta el mínimo detalle de lo que está ocurriendo en sus vidas, sino de demostrarle que entiendes que aquello que pase en sus vidas, es importante para ellos y debe ser respetado.

A continuación, enlistaré algunas ideas sobre cómo puedes valorar y respetar la individualidad de cada miembro de tu equipo:

- *Usa el nombre de tus colaboradores cada vez que los saludes o hables con ellos.* Es una forma simple pero poderosa de mostrarles que los reconoces como individuos únicos. Si no sabes sus nombres, apréndelos.

- *Preséntate en el escritorio del colaborador que acaba de regresar de sus vacaciones.* Pregúntale sobre sus vacaciones y actualízalo sobre cualquier novedad, social y profesional, de la que se haya perdido.

- *Pregunta sobre un colaborador enfermo.* Cuando un colaborador se quede enfermo en casa, llámale para preguntar cómo esta y si necesita ayuda. No discutas, bajo ninguna circunstancia, nada que tenga que ver con trabajo durante esta llamada. Tu colaborador podría pensar que el asunto de trabajo y no su bienestar, fue la razón principal de tu llamada. Si necesitas discutir asuntos de trabajo y es pertinente hacerlo, realiza otra llamada.

- *Ponte en contacto con un colaborador que regresa después de haber estado enfermo.* Pregúntale sobre su salud sin ser indiscreto e infórmale sobre todo lo que pasó en su ausencia, en especial sucesos o novedades que no se relacionen con el trabajo.

- *Llama a los colaboradores que trabajan de forma remota.* De vez en cuando, contacta a los colaboradores que trabajan desde casa o en otras ubicaciones, sólo para saber cómo están.

- *Muestra empatía por los colaboradores que pasan por momentos difíciles.* Ya sea que estén planeando una boda o esperando un bebé, o que estén lidiando con el fallecimiento o enfermedad de un miembro cercano de su familia, necesitan tu comprensión y compasión. Haz lo que sea necesario para que puedan adaptarse. Algunos tal vez sólo necesiten un descanso, otros podrían necesitar un poco de flexibilidad en cuanto a su horario y otros necesitarán privilegios por un tiempo, tales como permisos (y privacidad) para tomar o hacer llamadas personales en el trabajo.

• *Escucha realmente lo que las personas te dicen sobre sus vidas personales.* El simple hecho de mostrarle a tus colaboradores que los has escuchado y que recuerdas lo que te compartieron demuestra que te importa. Ya sea que recuerdes preguntarle a un colaborador cómo estuvo su hijo en el acto de la escuela, o simpatizar cuando pierde el equipo deportivo que apoya un colaborador fanático, utiliza la información que ellos elijan compartir contigo.

• *Organiza sesiones de información sobre temas que se relacionen con sus vidas personales.* Los proveedores usualmente están felices de dirigir sesiones sin costo sobre temas como la planeación del retiro o jubilación, nutrición, paternidad y otros gustos ya que aumenta su perfil y puede llevar a futuras ventas o recomendaciones. O aprovecha

- la misma experiencia de tus colaboradores. ¿Qué tal un almuerzo para compartir sus pasatiempos o pasiones ya sea bordado, ajedrez o genealogía, con sus compañeros?

- *Alienta a los colaboradores a decorar su espacio de trabajo personal.* Deja que sigan tu ejemplo e inspíralos a presumir sus fotografías y demás artículos personales, tales como los dibujos de sus hijos, recuerdos de sus vacaciones y, por supuesto, las muchas notas de elogios recibidas, las tarjetas de agradecimiento y certificados que tus colegas y tú, inspirados en la Regla 11, les han dado en los últimos meses.

- *Aprovecha cualquier evento social de la compañía.* Estos podrían incluir días familiares, o días para traer a tu hijo o mascota al trabajo. Por tu cuenta, podrás organizar una parrillada para el equipo, o una salida al cine que incluye a las familias o cónyuges de tus colaboradores.

Cada una de estas estrategias permitirá que te acerques más a tus colaboradores. Pero una pequeña advertencia: al conocer a la persona, podrías conocer detalles íntimos de su vida. Debes mantener la confidencialidad de *todo* lo que cada colaborador decide compartirte.

Podría parecer evidente que no debes compartir información relacionada con su salud o ningún asunto financiero personal que puedan compartirte. Pero no puedes asumir que está bien compartir con alguien más lo que te ha contado a ti, un colaborador. Si quiere que otros miembros del equipo se enteren a dónde irá de vacaciones, o de que el gato de su hija está enfermo, o de que su pareja se ha unido a un coro, entonces se los dirá él mismo. Al compartir los detalles de las noticias o información de otros, lo que arriesgas no es traicionar la confidencialidad, sino ser catalogado como alguien chismoso. Y eso sería muy dañino para tus esfuerzos de construir confianza.

Descubre cuáles estrategias de las anteriores funcionan mejor para tu equipo, pero recuerda que, como siempre en los grandes lugares para trabajar, no se trata de *lo que* haces sino de cómo y *por qué* lo estás haciendo. Siempre recuerda que hay mucho más acerca de cada uno de los miembros de tu equipo de lo que ves en el lugar de trabajo. Muestra interés sincero en conocer a cada persona de tu equipo, respeta la individualidad de cada persona y acepta y celebra las muchas diferencias que en su conjunto hacen que tu lugar para trabajar y las personas que allí trabajan, sea tan especial. Todo lo demás va a fluir.

PUNTOS CLAVE

○ La vida personal de cada colaborador
incluye preocupación y alegría, estrés y risas,
igual que la tuya. Respeta y apoya a cada
colaborador en la forma en la que te gustaría
que *tu líder* te respetase y apoyase a ti.

○ Muestra con tus palabras y acciones que
cada uno de tus colegas es mucho más que
"sólo un colaborador".

○ Mantén la confidencialidad de todo lo que un
colaborador decida compartirte. *Todo*.

REGLA 13

AYUDA A TUS COLABORADORES A ENCONTRAR EL EQUILIBRIO TRABAJO-VIDA

E L TRABAJO AFECTA LA VIDA personal de cada colaborador de tu equipo y su vida personal afecta su trabajo. Los líderes con alto nivel de confianza muestran respeto por la persona en su totalidad al ayudarle a encontrar el equilibrio entre estas responsabilidades que a menudo se contraponen. Al hacerlo reducen la posibilidad de un agotamiento y fomentan un grupo más vital e interesante de colaboradores motivados y energizados por sus actividades fuera del trabajo y capaces de concentrarse mejor cuando están en el trabajo.

Tu desafío es ayudar a cada colaborador a lograr el equilibro que mejor le resulte. Dado que cada colaborador es un individuo con necesidades y circunstancias únicas, un enfoque "general" no te funcionará.

Cuando se trata del equilibrio entre la vida laboral y la personal, los líderes se clasifican en tres categorías. Están los líderes que piensan que es de vital importancia para todos, los que creen que es para los débiles y aquéllos que están en un punto intermedio. Es importante que sepas en dónde te encuentras tú ya que en mi experiencia, la actitud de los líderes hacia el equilibrio de la vida laboral y la vida personal, tiende a reflejar su enfoque personal hacia dicho balance.

En otras palabras, si tú trabajas dieciocho horas diarias y piensas que el equilibrio entre la vida laboral y la vida personal no existe para los ganadores, es poco probable que te esfuerces para ayudar a tu equipo a encontrar ese equilibrio. De manera similar, si para ti es importante llegar a casa la mayoría de las noches para darle de comer a tu gato, o para asistir puntualmente a los ensayos del coro, para leerles a tus hijos un cuento antes que se duerman, entonces, es probable que apoyes los esfuerzos de tus colegas para alcanzar el equilibrio entre el trabajo y sus otras prioridades.

En lo personal, valoro mucho el equilibrio entre la vida laboral y personal, en parte porque considero que hay mucho más en la vida que el trabajo y en parte porque creo que todos trabajamos mejor cuando podemos disfrutar de un tiempo de descanso. Es difícil mantener un gran esfuerzo cuando un mes largo e intenso se convierte en otro y en otro. Sin embargo, también reconozco que algunos empleadores demandan largas horas de trabajo y que algunos colaboradores están felices de trabajar tantas horas. Lo que importa es que como líder ayudes a cada uno de tus colaboradores a alcanzar el nivel de equilibrio en sus vidas que *ellos* sientan que es razonable. Los problemas surgen solamente cuando hay una diferencia entre lo que sentimos que es razonable y lo que podemos lograr.

Entiende claramente el objetivo por el que cada colaborador se está esforzando, explícale lo que la organización y tú necesitan de él y discutan cualquier discrepancia o diferencia de expectativas. Aunque los beneficios de un buen equilibrio entre la vida laboral y personal son evidentes, no se logra tan fácilmente en cada trabajo, ni todos los colaboradores se esfuerzan por trabajar solo ocho horas diarias. Todo se resume al "acuerdo" al que puedas llegar con tu colaborador.

Hace unos años, trabajé con un cliente, una empresa de reclutamiento, cuyos colaboradores calificaban muy alto en todas las áreas, excepto en el equilibrio entre vida laboral y personal. Cuando le pregunté a los trabajadores de la empresa si los líderes los *alentaban* a encontrar el equilibrio entre su vida laboral y su vida personal, la mayoría de los colaboradores respondió que "a veces sí y a veces no".

Le expresé mi inquietud al dueño de la empresa, pero él tenía una perspectiva diferente sobre el tema. Me explicó que las largas horas de trabajo y un salario alto eran una característica distintiva de ese lugar de trabajo. Me comentó lo siguiente: "Nuestros reclutadores deben iniciar cada día muy temprano y terminar tarde para poder reunirse con los candidatos fuera de sus horas normales de trabajo. Y en el medio, trabajan duro para colocar a esas personas en empleos apropiados. Les dejamos muy claro cuando los entrevistamos y en todas las demás etapas del proceso de selección que lo normal es una semana de sesenta horas laborales. La mayoría de los reclutadores trabaja con nosotros durante aproximadamente siete años y hacen una pequeña fortuna antes de irse a un trabajo más regular en Recursos Humanos en otra compañía, con un salario más bajo, por supuesto".

Mi trabajo posterior con ese cliente me dio la oportunidad de conocer a muchos de sus colaboradores y me di cuenta de que lo que me dijo era cierto. Todos los colaboradores nuevos estaban conscientes de la realidad de su nuevo empleo: podían esperar un salario superior al promedio por trabajar horas superiores al promedio. En el momento en el que la vida personal de un reclutador se volvía más importante que su cheque, se cambiaban o se trasladaban. Mi error fue no notar que, aunque los colaboradores de mi cliente me dijeron que no se les alentaba a encontrar equilibrio entre sus vidas laborales y personales, no habían sugerido que estuvieran *inconformes* con eso.

A propósito, gracias especialmente a la opinión de sus colaboradores, esa empresa de reclutamiento fue posteriormente elegida por Great Place to Work como el Lugar para Trabajar #1 en su país. Este honor prueba que el requisito de trabajar por largas horas y sin interacción social no es una barrera para construir un gran lugar para trabajar, con un alto nivel de confianza, si la organización es clara y honesta al establecer expectativas y está dispuesta a compartir, una parte justa de los ingresos obtenidas durante esas largas horas.

Así como no todos los trabajos facilitan el equilibrio entre la vida laboral y personal, no todos los colaboradores buscan un horario de 40 horas, cinco días a la semana. La mayoría de nosotros está dispuesto a trabajar horas extra en un proyecto emocionante, o para cumplir con un tiempo de entrega importante, o para responder a una emergencia o una situación inusual. Los colaboradores que apenas inician su carrera profesional con frecuencia serán mas proclives a invertir largas horas por muchos motivos: para aprender mejor el trabajo, para ganar más dinero, para dar una buena impresión, o por el simple placer y sentido de propósito que obtienen al trabajar en un proyecto atractivo. En otras ocasiones, los colaboradores tal vez quieran reducir las horas que laboran para tener más tiempo para otras cosas que consideran importantes.

Así que, ¿cómo puede un líder merecedor de un alto nivel de confianza conciliar la necesidad de obtener resultados (la razón por la que la organización existe en primera instancia) con el deseo de ayudar a los colaboradores a alcanzar un equilibrio razonable entre su vida laboral y su vida personal?

En primer lugar, traza una diferencia clara y asegúrate de que todos entiendan esa diferencia, entre el requerimiento estándar y el esfuerzo discrecional. Lo primero es obligatorio y también lo menos que se espera de un colaborador que realice su trabajo. En otras palabras, ese *es el trabajo*. El esfuerzo opcional implica ir más allá, hacer más de lo que se necesita para cumplir con los requisitos básicos del trabajo.

Ningún colaborador debe sentirse presionado u obligado a trabajar horas extra con frecuencia. Pero la mayoría de los trabajos necesitan colaboradores que ocasionalmente trabajen más duro y durante más horas, por ejemplo, para cumplir con la fecha de entrega de producción o la demanda estacional. Y la mayoría de los colaboradores lo hará felizmente si este aumento de expectativas es por un tiempo limitado. Es importante respetar las circunstancias de los colaboradores que no puedan hacer ese esfuerzo opcional y es igual de importante reconocer y recompensar a aquéllos que sí hacen un esfuerzo opcional. Es la diferencia entre sentirse explotado y sentirse valorado.

En segundo lugar, asegúrate de que tus colaboradores no trabajen más solamente por dar una buena impresión. Uno de los más grandes desafíos en relación con el equilibrio entre la vida laboral y personal es que cuando hay personas con grandes ambiciones trabajando en organizaciones dinámicas, siempre hay una tendencia a que los colaboradores traten de impresionarte al trabajar largas horas, o al menos al estar en sus escritorios por largas horas. Aunque esta tendencia puede traer ventajas en el corto plazo para tu equipo, los beneficios serán eliminados por problemas de largo plazo, tales como fatiga, enfermedad, ausentismo, alta rotación de personal, trabajo de baja calidad y baja moral en el equipo.

Hay muchas maneras de desalentar que tus colaboradores se sobresaturen en el trabajo. Para mostrar un respeto genuino por las responsabilidades personales de tu equipo, evita agendar reuniones muy temprano o muy tarde. Aunque dichas reuniones son convenientes para algunos colaboradores y pueden ser altamente productivas, pueden suponer un problema para aquellos que son padres, están al cuidado de mayores y colaboradores que realizan actividades extra laborales con horarios inflexibles, tales como el voluntariado o tomar algún curso o clase. Éste es particularmente el caso cuando convocas a dichas reuniones con poca o nula anticipación. Si no puedes evitar las reuniones muy temprano o tarde, trata de programarlas con anticipación y asegúrate de terminarlas a la hora planeada.

Como muchos líderes, puedes elegir enviar y responder correos electrónicos fuera del horario laboral oficial. No hay nada de malo en esto, si todos entienden por qué lo haces. Explícale a tu equipo que se ajusta a tus patrones de trabajo, pero que no esperas que revisen o respondan tu correo fuera del horario laboral oficial. A muchos colaboradores les preocupa que, si no revisan su correo electrónico fuera de horas laborales, podrían omitir una solicitud importante o urgente de sus jefes. Una forma de disipar esos temores es prometerles que les llamarás si surge algo urgente.

En tercer lugar, asegúrate de que tus colaboradores se sientan cómodos de pedirte permiso para ausentarse del trabajo y encargarse de necesidades personales imprevistas. Las investigaciones de Great Place to Work sugieren que, dado que la responsabilidad de responder a emergencias familiares aún recae inmensamente en las mujeres, ellas buscan esa flexibilidad con más frecuencia que los hombres. Por lo tanto, tienen menos confianza de pedir esos permisos flexibles cuando se enfrentan a circunstancias inesperadas.

En cuarto lugar, sé justo. El equilibrio entre la vida laboral y profesional no sólo se trata de ayudar a los padres a alcanzar el balance entre sus responsabilidades laborales y familiares. No todos los colaboradores tienen hijos y esos colaboradores no tienen menos derecho a tu apoyo para lograr un equilibrio satisfactorio entre su vida laboral y profesional. Si continuamente le das prioridad al satisfacer las necesidades de los colaboradores con hijos a expensas de aquéllos sin hijos, podría surgir un resentimiento. Tal como un colaborador me dijo: "Estoy feliz porque las madres y padres logren un equilibrio entre su vida laboral y su vida personal. Pero, ¿es justo que siempre sea yo al que le pidan que llegue temprano o se quede hasta tarde o que trabaje fines de semana solamente porque no tengo hijos?"

Los abuelos pueden tener responsabilidades para cuidar a los niños. Y los colaboradores con frecuencia son responsables por sus padres que envejecen o incluso por sus hermanos. Para algunos colaboradores, un perro o gato enfermo es, comprensiblemente, una gran preocupación y un problema relevante tal como un niño enfermo lo es para otros. El equilibrio entre la vida laboral y personal es una ambición legítima para todos. Tomarse el tiempo para conocer la vida de cada uno de tus colaboradores te ayudará a satisfacer las necesidades de sus circunstancias particulares.

Hace unos años, PepsiCo lanzó una iniciativa para ayudar a sus colaboradores a mantener su equilibrio entre lo laboral y lo personal que se llamó "One Simple Thing" (Una Cosa Sencilla). Como parte del programa, los líderes le preguntaban a cada miembro de su equipo: "¿Cuál sería una cosa sencilla de hacer que significaría una gran ayuda para apoyar el equilibrio de tu vida laboral y personal?" Algunos colaboradores decidieron, por ejemplo, que salir de la oficina a una hora específica sería esa "cosa sencilla" muy útil para ellos. Otros le dieron prioridad al hacer ejercicio regularmente o comprometerse a fines de semana y días festivos "libres de correo electrónico". Mientras otros valoraron más estar

disponibles para recoger a sus hijos de la escuela, aprender una nueva habilidad o simplemente tomarse un
tiempo para ellos mismos. Una vez que el colaborador
elegía su "cosa sencilla", su líder documentaba y monito-
reaba su progreso y podía recompensar a los colaboradores que se adherían al plan que ellos mismos habían
propuesto, considerando su cumplimiento como parte
del proceso de evaluación anual del desempeño.

La iniciativa funciona en muchos niveles. Ésta
reconoce que los enfoques generales no funcionan en
lo absoluto y que se requiere un compromiso de parte
del líder para encontrar soluciones buenas e individuales
para cada colaborador. Pero también se trata de la colaboración. No se le deja la responsabilidad de "arreglar" el
equilibrio de la vida laboral y personal de los colaboradores a los líderes, pero tampoco es la responsabilidad
única de cada colaborador descubrir cómo alcanzar ese
equilibrio. En lugar de ello, ambos trabajan juntos para
encontrar una gran solución que funcione para todos.

Aunque la iniciativa One Simple Thing de PepsiCo es
una iniciativa de toda la organización, tú puedes probablemente introducir un programa similar para tu equipo
porque, en la mayoría de los casos, la "cosa sencilla" que
los colaboradores necesitan es flexibilidad en su horario
o responsabilidades laborales, lo que la mayoría de los
líderes tiene la capacidad de resolver.

Tal vez la manera más efectiva en la que puedes apoyar a tu equipo para logar el balance entre su vida laboral y su vida personal es predicar con el ejemplo. Una organización de prestación de servicios profesionales introdujo una iniciativa llamada "Viernes de Verano", la cual les permitía a sus colaboradores realizar el trabajo de cinco días en cuatro días y medio y así poder irse de la oficina a la una en punto durante los viernes de verano. El primer viernes del verano, la mayoría de los colaboradores se quedó en la tarde, a pesar de haber trabajado más horas los cuatro días previos. El departamento de Recursos Humanos notó que sólo algunos líderes, socios y líderes de alto rango, se habían ido temprano, así que los colaboradores sintieron que se veía mal que se fueran de la oficina mientras sus jefes continuaban trabajando. Al siguiente viernes, el departamento de Recursos Humanos alentó a los jefes a irse de la oficina a la una en punto y así enviar un claro mensaje a todos de que estaba bien iniciar el fin de semana desde ese momento. Funcionó.

Cuando con tus acciones muestras que estás comprometido con tu carrera profesional y a tener una vida personal satisfactoria, les das permiso a tus colaboradores para que hagan lo mismo.

PUNTOS CLAVE

○ Alienta activamente a tus colaboradores a
  hacer uso completo de los beneficios que
  ofrece tu compañía, tales como permiso por
  paternidad o maternidad.

○ Algunos trabajos o industrias no son, por
  su diseño, tan flexibles cuando se trata
  de ayudar a sus colaboradores a lograr
  un equilibrio entre su vida laboral y su
  vida personal. Si tu equipo entra en esta
  categoría, sé explícito sobre ello con tus
  colaboradores durante el proceso de
  contratación para que sepan qué esperar.

○ El equilibrio entre la vida laboral y personal
  es necesario para todos, no solo para
  colaboradores con hijos. Asegúrate de
  que todos tus colaboradores se sientan
  cómodos para pedirte flexibilidad con sus
  horarios cuando circunstancias personales
  inesperadas así se los exigen.

QUE TU TRATO SEA JUSTO PARA TODOS

RATAR A TUS COLABORADORES DE manera justa no
es lo mismo que tratarlos por igual: Tratar a los colaboradores *equitativamente* significa tratarlos a todos de
la misma forma; tratar a tus colaboradores *de manera
justa* significa tratar a cada colaborador de una forma
apropiada según la contribución o el aporte que hacen.
Incluso si tienen el mismo puesto, dos colaboradores no
son iguales. Ellos podrían tener diferentes estilos de trabajo, habilidades, responsabilidades personales y metas

distintas y, por lo tanto, realizan el trabajo de diferente forma y contribuyen en distintos niveles.

La justificación para tratar a todos de manera justa es simple: ¡es lo correcto! Y los beneficios son muchos. Tratar a las personas de manera justa satisface y fomenta la diversidad dentro de la organización. Un ambiente de trabajo justo reduce las distracciones por inequidad, política interna y prejuicio y permite que todos contribuyan al máximo.

Tratar a todos de manera justa significa una ausencia total de discriminación por cualquier motivo, incluyendo el género, identidad de género, habilidades físicas, religión, orientación sexual, peso o cualquier otra característica personal. Afortunadamente, muchos países cuentan con leyes que prohíben la discriminación por cualquier motivo y la mayoría de las organizaciones desean cumplir la ley.

Y, aún así, con frecuencia, la razón por la que no tratamos a todos de manera justa es que, a pesar de creer que no discriminamos, nuestros prejuicios se apoderan de nosotros. ¿Cuál es la diferencia entre prejuicio y discriminación? Pongamos de ejemplo de género. Si un amigo te dice que en la enfermería del hospital hicieron un gran trabajo al curar su herida, probablemente te imagines que lo hizo una enfermera. Eso es prejuicio de género, porque asumiste que el trabajo de enfermería lo haría una mujer. Pero, si tú eres el paciente y te niegas a que un enfermero cure tus heridas, eso es discriminación.

Es obvio que, como la mayoría de la gente decente, creas que nunca discriminarías a ningún colaborador. Pero lo haces. Todos lo hacemos. Todos los días juzgamos y criticamos espontáneamente a las personas y situaciones con base en estereotipos y agregamos información que se formó con nuestro pasado, ambiente cultural y experiencias. Clasificamos y juzgamos a la gente antes de darnos cuenta de que lo hacemos y es por eso que a esta actitud se le llama prejuicio inconsciente.

Estos prejuicios pueden beneficiar a algunas personas, mientras que a otras puede perjudicarles. Por ejemplo, les atribuimos ciertos valores a las personas con base en su edad. A menudo consideramos que los trabajadores jóvenes tienen más energía, motivación y capacidad de aprendizaje y creemos que son menos confiables, que es probable que se reporten enfermos cuando no lo están. Muchos líderes consideran que los colaboradores maduros tienen más experiencia y son más confiables y que son inflexibles y que tardan en adaptarse. Por supuesto que estos juicios pueden ser verdad o no. Cada persona joven o madura es diferente.

Para nuestra vergüenza, proyectamos valores y actitudes en personas con base no sólo en los motivos "comunes" tales como edad o género, sino que también nos basamos en sus nombres, el lugar donde viven, la ropa que visten, si son introvertidos o extrovertidos, e incluso la música que escuchan. Y se podría hacer un libro con la lista de prejuicios inconscientes que la sociedad tiene sobre las personas con capacidades diferentes.

Antes de que te defiendas diciendo que a pesar de que entiendes la forma en la que los *demás* pueden discriminar, tu jamás lo harías... Ni te molestes. ¡Es lo que todos decimos! Incluso hay un nombre para eso: punto ciego de prejuicio, en donde reconocemos el impacto del prejuicio al juzgar a los demás, más no vemos el impacto del prejuicio en nuestros propios juicios.

¿Cómo superar el prejuicio inconsciente? La algo trillada respuesta sería "con mucha dificultad". Nuestros prejuicios están fuertemente arraigados y son más un reflejo de cómo nuestro cerebro trabaja y el poder de la mente subconsciente que un reflejo de nuestros valores o el respeto que le tenemos a los demás. Y es por eso que la auto-consciencia es el arma más efectiva para combatir tus prejuicios inconscientes. Tienes que estar consciente del problema y aceptar que está ahí, aunque tú no lo veas. Mantente alerta. Cuando te des cuenta de que estás proyectando algún valor, negativo o positivo, a alguien, detente y pregúntate: "¿cómo sé que eso es cierto?" A menos que haya hechos sólidos que fundamenten esa suposición, deséchala.

A veces tenemos prejuicios a favor de personas que son "como nosotros". Es decir, personas que aceptamos más rápido o que nos tomamos el trabajo de entendemos mejor. O personas con las que tenemos mucho en común, personas con hijos, sin hijos, con mascotas, que aman viajar, o que fueron nuestros amigos antes de que lleguemos a ser su líder. Y algunas veces este prejuicio conlleva favoritismo, el cual puede manifestarse en las decisiones que tomamos, tales como al asignar turnos o mejores tareas, o en lo que, para muchos colaboradores, es la prueba de fuego para la justicia en el trabajo: los ascensos.

En general, los colaboradores se proponen para ascensos porque creen que lo merecen. Y duele mucho cuando no lo consiguen. Quieren entender por qué fueron rechazados y buscan a alguien o algo que culpar. Y ese *alguien* es generalmente la persona que obtuvo el ascenso o la persona que lo dio, o ambas. Y la tendencia natural es que los colaboradores vean ese *algo* como un prejuicio en su contra o en favor de alguien más.

Sé escrupulosamente justo cuando selecciones a alguien para un ascenso y comunica de forma oportuna las razones por las que ascendiste a ese candidato. De otra manera, las personas recurrirán a la excusa fácil: juegas golf con él, almuerzas con él, sus hijos asisten a la misma escuela, son vecinos, etcétera. Es comprensible esta reacción. Viene de la decepción y cuando estamos decepcionados, con frecuencia buscamos razones externas a nosotros que expliquen nuestros fracasos.

Cuando asciendes a la mejor persona, reconoces el talento y esfuerzo individual, fomentas la moral del equipo y mejoras tu reputación como un líder competente y justo. Ofrecer un puesto a alguien que no es la mejor persona te costará muy caro en términos del daño y enojo que provocará al colaborador excluido, por no mencionar el impacto que tendrá en la moral de tu equipo, en su desempeño y resultados y el gran costo que representará para tu reputación personal. Y si el candidato ascendido en el fondo sabe que no era el mejor candidato, ni siquiera tendrás *su* respeto.

La mayoría de los colaboradores aceptará ser rechazado para un ascenso y sentirá que lo trataste de manera justa si le das retroalimentación honesta y constructiva. ¿Por qué no ganaron el puesto y cómo debieran mejorar su desempeño para tener una mejor oportunidad la próxima vez? Tu retroalimentación debe centrarse en las razones para la decisión, debe reafirmar lo positivo del candidato que no gano esta vez y, de ser necesario, en su reorientación.

- *Razones.* ¿Por qué el colaborador no obtuvo ese esperado ascenso? Comparte esas razones de forma honesta y con tacto. Discute el conjunto de habilidades y experiencia que son necesarias en el puesto y, sin comprometer la confidencialidad, comparte las razones por las que ascendiste a la persona que elegiste. Enfócate en lo positivo. Discute las habilidades y atributos que puede desarrollar tu colaborador en lugar de enfocarte en sus deficiencias. Asegúrate de que esta reunión sea una conversación, no un juicio. El solo decirle por qué no obtuvo el ascenso podría parecer sencillo, pero es mejor ayudarle a ver por sí mismo por qué no estaba listo para esto.

• *Reafirmación.* Explica la contribución al equipo que realiza esta persona. Todos quieren saber que son valiosos y que su contribución importa. De otra forma, ¿por qué se esforzarían más allá del mínimo en el trabajo? Dile lo valioso e importante que es para el equipo.

• *Reorientación.* Si consideras que ese colaborador tiene el potencial para en el futuro seguir creciendo en tu equipo o en la organización, díselo. Pero si ha llegado lo más lejos que puede llegar en tu equipo, es momento de reorientarlo. Si está perdido en un callejón sin salida profesional, merece saberlo. A pesar de que no puedes ofrecerle más oportunidades de progreso, tal vez veas una oportunidad para que progrese fuera de tu equipo, o incluso fuera de tu organización. Habla sobre estas oportunidades. Ninguna organización puede ofrecer potencial de crecimiento ilimitado para todos. Tu colaborador podría descubrir esto antes que tú porque, en el fondo, la mayoría de nosotros conoce sus limitaciones. A veces sólo necesitamos escuchar la verdad de alguien más que nos incite a la acción.

Por supuesto, las percepciones de justicia nacen antes que cualquier oportunidad de ascenso esté disponible. Tu responsabilidad es administrar las expectativas y el desarrollo de cada colaborador. Ayuda a quienes pueden avanzar a entender lo que deben hacer para lograrlo. Ayuda a quienes no pueden avanzar a considerar si podrían tener más éxito en otra parte o en otro puesto. Cada colaborador merece un apoyo similar de tu parte para poder descubrir el mejor rumbo para su carrera.

Las percepciones de injusticia en el proceso de ascenso importan y pueden provocar que un colaborador entusiasta y comprometido se convierta en alguien sin compromiso y con resentimiento. O peor, puede provocar que todo un equipo se desconecte. Pero si los colaboradores creen que el sistema es justo para todos, entrarán a la "competencia" por el puesto con mayor confianza y menor ansiedad sobre el resultado y conscientes de que los tratarás justamente.

Finalmente, recuerda que cuanto mayor sea el historial de justicia en tus decisiones, no solamente los ascensos, mayor confianza tendrán todos a tu alrededor respecto a tu objetividad y habrá más probabilidades de que te den el beneficio de la duda cuando tomes una decisión que probablemente vaya a causarle molestias a alguien de tu equipo.

PUNTOS CLAVE

○ Las percepciones son la realidad. No basta con ser justo, siempre deben verte justo. Para un colaborador, si *parece* injusto, *es* injusto.

○ Aquéllos quienes tienen relativamente menos poder son más propensos a sufrir discriminación y es menos probable que tengan la confianza o el poder para defenderse o pedirle a los demás que lo hagan por ellos. Mantente atento a cualquier señal de discriminación o prejuicio inconsciente y prepárate para intervenir y evitarlo.

○ Es más fácil tratar a todos de forma equitativa que de forma justa. Sé valiente y haz una diferencia. Como presuntamente dijo Thomas Jefferson: "No hay nada más desigual que la igualdad de trato a las personas desiguales".

REGLA 15

HAZ LO QUE TE PAGAN POR HACER

S ER COMPETENTE EN TU TRABAJO es fundamental para construir confianza con tus colaboradores. Podrías agradarles a tus colaboradores, podrían apreciar tus intenciones y podrían querer confiar en ti, pero simplemente no lo harán si no puedes hacer el trabajo para el que fuiste contratado.

Tu equipo también debe *creer* que eres competente y, para que eso pase, debes mostrarte competente de manera consistente. Solamente cuando tus colaboradores sientan que eres competente estarán dispuestos a confiar en tus decisiones y te seguirán, en especial cuando estás tratando de dirigirlos durante tiempos de cambio o incertidumbre.

Cada uno de tus colaboradores tiene una opinión respecto a tu competencia, a la cual llegó por su propia reflexión o de manera inconsciente. Sus evaluaciones abarcan todo lo que haces desde antes que un nuevo miembro se una al equipo hasta después de que se haya ido. En esencia, todo se reduce a una impresión. Sin que deban presentar evidencias, sin darte oportunidad de preparar una defensa en tu favor, sin un tribunal de apelación. ¡Nadie dijo que ser líder fuera fácil!

En varios libros se ha escrito sobre la manera gerenciar de forma competentemente, pero aquí tengo un resumen pasos para lograrlo: desarrolla una visión. Planea su consecución. Y gestiona.

- *Desarrolla una visión compartida.* Usa los valores y la visión de la organización para ayudar a crear un sentimiento de dirección para tu equipo. Escucha. Pide la opinión de todos los miembros de tu equipo y cuidadosamente considera lo que te dicen. Escucha otra vez. Solamente las visiones compartidas inspiran y ordenan el esfuerzo.

• *Planea su consecución.* Utiliza a tu equipo y tus recursos de forma eficiente. El punto de partida es conocer a tu equipo. Entiende las fortalezas y debilidades de cada persona y asígnales responsabilidades de manera tal que le permita a cada uno de ellos enfrentarse a retos sin sentirse abrumados. Existe una delgada línea entre una carga de trabajo gestionable y una carga de trabajo que no lo es. Un líder competente sabe la diferencia.

• *Gestiona.* Asegúrate de que cada persona de tu equipo cumpla. Espera competencia de parte de cada colaborador tuyo y responsabilízalos por la calidad de su trabajo. Tu equipo no te agradecerá por dar excusas para un mal desempeño, porque eso cambiaría la carga de trabajo hacia ellos. Si un colaborador no está teniendo un buen desempeño podría ser una señal de una carga de trabajo poco razonable, o de un déficit de habilidades o una necesidad de capacitación, o falta de interés o compromiso, o una mala decisión de contratación. Tal vez no tuviste nada que ver al reclutar a esta persona; los colaboradores heredados son una realidad para casi todas las posiciones de liderazgo, pero tú eres el líder ahora y, por lo tanto, eres 100 por ciento responsable. Así que, encuentra la causa subyacente y toma medidas. Ayúdalos, pero el desempeño no es negociable.

Si en algún momento te sientes abrumado por todo lo que se necesita para ser un líder competente, no eres el único. Liderar es un camino y todos estamos en ese camino. Recuerda que lo opuesto a competencia no siempre es *incompetencia*. A veces, lo opuesto es no *ser* competente y hay una gran diferencia entre ambos conceptos. La *incompetencia* implica un lamentable fracaso: la incapacidad de realizar el trabajo, mientras que no ser competente solamente sugiere que *todavía* no lo logras. Apégate a ello. No necesitas ser brillante para ser un excelente líder, porque cuando se trata de competencia, "suficientemente bueno" *es* suficientemente bueno.

PUNTOS CLAVE

○ Desarrolla una visión compartida para tu
  equipo y pide la opinión de los miembros.

○ Utiliza eficientemente a tu equipo: permite a
  cada miembro sentirse desafiado sin sentirse
  abrumado.

○ Responsabiliza a tus colaboradores por
  su nivel de competencia. Apóyalos, pero
  asegúrate que todos cumplan.

REGLA 16

Diviértanse juntos

Tu jefe es una persona desagradable.

Te miente y no cumple ni con sus pequeñas promesas. Apenas la semana pasada, anduviste rumoreando acerca de que no te tomaron en cuenta para el ascenso por el que trabajaste muy duro y que *todos* saben que te merecías. Y ni siquiera han tenido la cortesía de decírtelo de frente todavía. No es de extrañar que desconfíes de él, al igual quela mayoría de tus colegas.

Pero todo podría ser diferente. Tu jefe tiene un plan. Ha designado el día de hoy como el "miércoles loco", una iniciativa que en un correo electrónico al grupo describió como un "día alocado y muy divertido". Tu jefe espera que aumente la moral del equipo y les ayude a crear mejores lazos.

Entonces son las 9:05 a.m. del miércoles. Ya estás en el trabajo muy concentrado y llegaste temprano esta mañana para terminar una propuesta urgente. Sientes a una persona parada cerca de tu escritorio: un payaso multicolor parado frente a ti, una grotesca sonrisa de oreja a oreja en la cara cubierta de maquillaje blanco. Te hace cosquillas en la barbilla con un plumero de color brillante mientras inhala profundamente en el tanque de helio que se encuentra en el piso a un lado de él. "¡Vamos e-qui-po, vamos e-qui-po!", chilla de forma maniática una y otra vez hasta que apunta, mojando tu trabajo con el chorro de agua que sale del girasol en su solapa.

¡Qué locura!

¿Te estás divirtiendo?

Los líderes de todo el mundo tienen dificultad para entender el concepto de "diversión en el trabajo". Algunos la desechan por ser infantil, poco profesional y una pérdida de tiempo y hacen comentarios como "las personas están aquí para trabajar; no estamos en un jardín de infantes". Otros temen que se salga de control. Pero cuando se trata de diversión en el trabajo, nada podría estar más alejado de la verdad.

La diversión en el trabajo simplemente es la libertad de ser tú mismo en el trabajo. Se trata de saber que tus colegas te aceptan tal y como eres y que tú los aceptas bajo los mismos términos. Son risas cuando estamos felices y la consolación cuando nos enfrentamos a un fracaso. Es la alegría cuando celebramos y una forma de desahogarnos en los días malos. Alivia el aburrimiento en momentos silenciosos y ofrece una válvula de escape segura cuando estamos bajo presión. Construye el espíritu de equipo. La diversión es divertida cuando estás con personas que te agradan.

La diversión en el trabajo es un elemento fundamental de todos los grandes lugares para trabajar y está altamente relacionada con la confianza. Cuando te cruzas con colaboradores que de verdad se divierten en el trabajo, te das cuenta de que has encontrado a un equipo con un alto nivel de confianza. Los colaboradores que creen firmemente que se divierten en el trabajo también tienen una gran probabilidad de estar de acuerdo con la afirmación que, tomando todo en consideración, su lugar para trabajar es un Gran Lugar para Trabajar. También hay una correlación similar entre la diversión y el reclutamiento efectivo, la baja rotación de colaboradores y el compañerismo o trabajo en equipo. Aunque sabemos con certeza que la diversión y la confianza se relacionan estrechamente, la información no prueba si divertirse genera un alto nivel de confianza, o si un alto nivel de confianza permite que se dé la diversión.

En mi experiencia, es un poco de ambos.

La diversión no construye la confianza, por lo menos, no de forma significativa. La diversión se manifiesta debido a la confianza que ya existe. Pero la diversión refuerza la confianza porque refuerza los vínculos del equipo. Indica que nos sentimos cómodos entre nosotros, que nos llevamos bien, que nos podemos tomar unos minutos para divertirnos sin miedo a ser juzgados o criticados. No tienes esa libertad en un lugar para trabajar con bajos niveles de confianza.

La diversión significa distintas cosas para diferentes personas y sucede lo mismo con respecto a la diversión en el trabajo. De manera similar, el apetito de diversión varía de una persona a otra, así que los líderes con altos niveles de confianza encuentran formas para divertirse en el trabajo que son adecuadas para sus colaboradores individualmente, para su equipo y su organización. El tipo de industria o sector de negocios influye en la manera y el momento en el que los colaboradores se divierten. Por ejemplo, los directores de una funeraria podrían limitarse más en la forma en la que se divierten en el trabajo que los colaboradores en una cervecería artesanal, por ejemplo, o una start-up de tecnología.

El perfil de edad de tu equipo también hace una
gran diferencia. En la investigación que reportó
Businessinsider.com se descubrió que, aunque casi el
90 por ciento de los trabajadores jóvenes desean un
"ambiente laboral divertido y social", solamente el 60
por ciento de los colaboradores mayores de 50 desean
lo mismo. En la misma investigación se encontró que
el 71 por ciento de trabajadores jóvenes desean que sus
compañeros de trabajo sean su "segunda familia". Pero
los trabajadores mayores, muchos de los cuales van a
casa con su "primera familia" al final de cada día y que
tienen vidas sociales mejor establecidas, preferirían
mantener su vida personal separada de la profesional.
Jugar boliche después del trabajo suena atractivo cuando
no tienes algo especial que hacer y tienes toda la noche
libre para ello. Pero tal vez pierde su encanto cuando lo
comparas con la oportunidad de meter a tus hijos a la
cama después de leerles un cuento para que se duerman.
A continuación, hay algunas ideas y visiones prácticas
que te ayudarán a fomentar un sentido de diversión en
tu lugar de trabajo:

- *Deja que suceda.* Está bien planear eventos que
  esperas que sean divertidos, pero la mejor diversión
  en el trabajo suele encontrarse en las actividades
  del día a día. Un comentario gracioso. Una historia
  divertida, contada de forma espontánea. Llamar

a un colega por el nombre incorrecto, o mezclar tus palabras. Recuerdos compartidos y fotos compartidas. Diversión simple. Deja que suceda, mostrándoles que, cuando pase, está bien para ti.

• *Da el ejemplo.* Demuestra que estás feliz de que tu equipo se divierta en el trabajo al unirte a ellos. Sonríe. La desaprobación se puede comunicar de forma no verbal, tal como la aprobación. Aún mejor, muestra el camino e inicia la diversión de vez en cuando si puedes hacerlo de forma auténtica. Pero si no te sale de forma natural, no trates de fingirla. No puedes fingir la diversión.

• *Enseña cuándo es momento para divertirse.* Un gran lugar para trabajar es principalmente un lugar para trabajar. La diversión en el trabajo es un equilibrio delicado entre realizar el trabajo por el que te pagan y divertirse mientras lo haces. No todos comprenderán de forma intuitiva que se trata de trabajo en primer lugar y la diversión después. En ocasiones y por razones comprensibles, los colaboradores más jóvenes y con menos experiencia pueden tener dificultad para encontrar el equilibrio correcto entre el trabajo y la diversión.

Ayúdales a estar muy conscientes respecto a cuándo es momento divertirse y cuándo mantenerse concentrados, asesorando discretamente de la misma forma en la que lo harías en cualquier otra área de desempeño.

- *Establece límites.* Es importante tener límites. Lo inaceptable nunca es aceptable, incluso en nombre de la diversión. Especialmente en nombre de la diversión. Ya sea una broma o una observación casual o un comentario en las pláticas informales de oficina, se deben aplicar normas de buen gusto. La diversión sólo es divertida si es divertido para todos. Adopta un enfoque de tolerancia cero cuando una diversión pueda herir a alguien, pero ten tacto al hacerlo. Un comentario tranquilo podrá a menudo ser suficiente para mantener la situación bajo control.

- *Organiza eventos, no la "diversión".* Cuando organizas una reunión con tus amigos para almorzar un domingo, en tu calendario escribes "almuerzo". Esperas que sea divertido, pero no lo agendas como "diversión". (¡Dime que no lo haces!) Es lo mismo en el trabajo. Organiza una reunión con café y pan dulce para el lunes por la mañana y es bien probable que sea una actividad divertida. Una charla divertida, ponerse al día, hacer subir los niveles de azúcar y una inyección cafeína, hace reír juntos. Pero si invitas a tu equipo a un "evento de café y diversión" probablemente comerás solo. Nada asusta más a la gente tanto como la "diversión" planeada.

- *Diviértanse con un objetivo.* Hagan algo bueno como equipo y diviértanse haciéndolo. Hacer trabajo voluntario. Empacar despensa para caridad. Pintar una escuela. Cantar villancicos o unirse a una caminata de recaudación de fondos o iniciar un esfuerzo colectivo para ponerse en forma. Limpiar la arena de un área de la costa o ayudar a un albergue de personas sin hogar. Diviértanse. Ayuden.

- *Combina ideas.* Cada cabeza es un mundo. Entre más diversidad haya en tu equipo, mayor será el desafío de encontrar actividades que hagan divertido el trabajo para todos. Pide ideas y ve qué es lo que funciona. Experimenta. Observa la forma en la que distintas personas responden a diferentes actividades y adapta los eventos posteriores de forma adecuada. No es necesario que todos los colaboradores participen en cada actividad, pero no permitas que tu equipo se divida en grupos permanentes que solamente socializan juntos, por ejemplo, trabajadores jóvenes por un lado y trabajadores mayores por el otro. Los grupos sociales se pueden convertir en círculos exclusivos en el lugar de trabajo y eso no es bueno para el trabajo en equipo o la unidad.

La diversión en el lugar de trabajo es una actitud, un estado mental que les permite a las personas conectar y confirmar sus vínculos en común. Muchos de tus colaboradores dedican la mayor parte de su tiempo al trabajo, más que a cualquier otra actividad. Estos colaboradores probablemente pasan más tiempo con sus colegas que con sus amigos personales o incluso, probablemente, que con sus familias. Entonces, si no pueden ser ellos mismos en el trabajo, pasan mucho tiempo pretendiendo.

Sé tú mismo. Déjalos ser ellos mismos. Y diviértanse juntos.

PUNTOS CLAVE

○ La diversión en el trabajo simplemente es
la libertad de ser tú mismo. Se trata de
saber que te aceptan tal y como eres y que
tú aceptas a tus colegas bajo los mismos
términos.

○ La diversión funciona porque es natural,
no se fuerza y la gente encuentra la mejor
diversión en el trabajo en las actividades del
día a día. Muestra tu aprobación y solamente
deja que suceda.

○ Un gran lugar para trabajar con un alto
nivel de confianza es un gran lugar... para
trabajar. Si parece que algún colaborador
está teniendo dificultades para tener la
mezcla correcta de trabajo/diversión, no
dudes en tomar medidas.

Y DE AQUÍ ¿A DÓNDE?

DECENAS DE MILES DE EXCELENTES líderes alrededor del mundo demuestran diariamente que las dieciséis reglas funcionan para ellos. Funcionarán para ti también. Irá sucediendo de forma sutil, un esfuerzo extra por aquí y un poco más de atención por acá, un pequeño cambio un día y un enfoque ligeramente diferente otro día. Nada de esto se nota mucho hasta que un día lo notas... te manifiestas como una mejor versión de ti y un mejor líder, dirigiendo a un mejor equipo. Y, por supuesto, una versión tuya más feliz dirigiendo a un equipo más feliz. La felicidad viene incluida.

Aquí te dejo algunas sugerencias sobre cómo manejar el cambio:

RECUERDA TU NOMBRE.

Tienes dos nombres. El nombre que te dieron al nacer y el nombre que construyes tú mismo a lo largo del camino de tu vida. Nunca tendrás una mejor oportunidad para hacerte de un nombre como un excelente líder con altos niveles de confianza. Ve y hazlo posible.

ENCUENTRA LO QUE FUNCIONE PARA TI

Piensa en las reglas como una inspiración. He intentado enfocarme en los ingredientes en lugar de la receta, con la intención de que tú encuentres la forma correcta de combinarlos para tener el mejor resultado. Encuentra y adopta las reglas que son culturalmente adecuadas para tu equipo. Si no parece adecuado para tu equipo o tu organización, entonces probablemente no lo sea.

También es importante que las reglas sean adecuadas para ti como individuo. No trates de adoptar conductas que, en el fondo, sabes que no se adaptan a tu personalidad o estilo de trabajo. No estoy sugiriendo que no necesitas cambiar nada, pero solamente puedes ser un excelente líder si te sientes cómodo en tus propios zapatos y en tu trabajo. Solamente puedes hacer que tu equipo se sienta cómodo y aceptado si tú te sientes cómodo y capaz de ser tú mismo.

CRÉATE UN PLAN TIPO "DEJAR DE HACER, CONTINUAR HACI-ENDO, COMENZAR A HACER"

Lee de nuevo las dieciséis reglas y cuando algo tenga impacto en ti, escríbelo en una de tres listas:

* *Dejar de hacer:* Si un aspecto de tu comportamiento está en conflicto con lo que hacen los mejores líderes, o si lo que estás haciendo simplemente no funciona, considera dejar de hacerlo.

* *Comenzar a hacer:* Cuando estés inspirado para cambiar una conducta actual o para probar una nueva idea o iniciativa, inclúyelo en esta lista de cosas que quieres comenzar a hacer (o comenzar a hacer diferente).

* *Continuar haciendo:* Cuando leas una regla y te des cuenta de que estás satisfecho de lo que haces en esa área, o te des cuenta de que algo está funcionando bien en ese momento, agrégalo a la lista de cosas que debes continuar haciendo.

Estas listas serán la base de tu plan de acción, el cual, como cualquier otro gran plan, revisarás de forma periódica y cambiarás de ser necesario. Asegúrate de documentar los comportamientos y actitudes positivas que pertenecen a tu lista "continuar haciendo"; necesitarás esta lista como recordatorio de tus muchas fortalezas cuando, tengas contratiempos o te desanimes, como inevitablemente pasará. Sé justo contigo mismo y asegúrate de que esta lista refleje completamente lo que estás haciendo bien.

PIENSA EN GRANDE, PERO INICIA POCO A POCO

Por favor, no trates de provocar un cambio de personalidad. En primer lugar, no es necesario: tu comportamiento y tus acciones actuales necesitan un reajuste, no una modificación completa. En segundo lugar, a la gente no le gusta el cambio, incluso el cambio que en última instancia les beneficiaría, si ese cambio es demasiado drástico, inesperado o inexplicado. Aparte de inquietar a las personas a tu alrededor, los grandes cambios son muy difíciles de mantener durante un periodo prolongado. Dicho cambio tiende a esfumarse tan rápido como inició: simplemente piensa en los propósitos de de año nuevo.

En lugar de ello, elige un elemento de tu lista y hazlo bien. Enfoca tus esfuerzos exclusivamente en ello. Como regla general, se necesitan treinta días para crear un hábito y treinta días para eliminar un hábito. Así que, intenta con un plan de doce etapas distribuido en un año, donde cada etapa dure un mes y enfócate en una meta, un único elemento que quieres dejar de hacer, comenzar a hacer o cambiar. Y si en cualquier etapa tienes un contratiempo o te sientes abrumado, revisa tu lista de lo que debes "continuar haciendo" para que te recuerde todas las cosas que ya estás haciendo de maravilla.

PLANEA MENSUALMENTE, VISU-ALIZA A DIARIO

Escribe el objetivo de este mes. Describe exactamente cómo funcionará tu plan y cómo se beneficiarán los demás y tú. Podría decir:

"Meta: Seré mejor escuchando. Cómo: Hablaré menos y escucharé más. Pondré toda mi atención, mantendré un buen contacto visual y demostraré que estoy escuchando. Beneficios: Entenderé mejor a mi equipo y ellos sabrán que los valoro y que reconozco sus puntos de vista y opiniones".

Leerlo toma cinco minutos cada día. Configúralo para que aparezca en tu teléfono o computadora como un recordatorio unas cuantas veces durante el día. O hazlo a la antigua y coloca notas adheribles de forma estratégica. Pero sé discreto; no quieres que los demás vean estas notas. Tu recordatorio podría ser una única palabra rápida que te recuerde el objetivo completo que escribiste. Por ejemplo, si estás trabajado en la meta anterior respecto a ser mejor escuchando, tu recordatorio rápido podría ser "escucha" o tal vez algo más enigmático como "2:1", como recordatorio de que tienes dos oídos y una boca y de que debes recordar usarlos en esa misma proporción".

REFLEXIONA DIARIAMENTE

Aparta cinco minutos en cualquier momento del día para reflexionar sobre tu progreso hacia un liderazgo de alta confianza. De ser posible, inténtalo a la misma hora cada día, por ejemplo, cada mañana o durante tu camino vespertino, para que sea parte de tu rutina normal. Si estás trabajando en cambiar un comportamiento específico, pregúntate: "¿cómo lo hice? ¿Éxitos? ¿Algún fracaso? ¿Necesito corregir mi enfoque? ¿Mi iniciativa está teniendo efecto en mi equipo? ¿Cómo lo sé? ¿Se ven más

felices? ¿Están realizando más trabajo y de mayor calidad? ¿Y cómo me está afectando a mí? ¿Estoy más feliz?
¿Estoy creciendo? Y si no, ¿por qué no?"

LLEVA UN REGISTRO

Si vas a tomarte el tiempo de hacer un plan, visualizarlo y
reflexionar, ¿por qué no hacerlo todo y llevar un registro?
Anota tus éxitos y fracasos, junto con tus ideas respecto
a por qué y cómo funcionaron las cosas... o fallaron.
Descubrirás que es un registro fascinante de tu camino
hacia una liderazgo de alta confianza y una fuente de
motivación cuando te bloquees, como a veces ocurrirá.

BUSCA APOYO

El cambio puede ser difícil. A algunos de nosotros nos
gusta pelear solos nuestras batallas; otros preferimos a
alguien que nos escuche y nos dé palabras de aliento. ¿Te
beneficiaría compartir tus planes con un colega o amigo
de confianza? Si tienes un mentor, formal o de otro tipo,
considera compartir tus listas de "dejar de hacer, comenzar a hacer, continuar haciendo" con él o ella y pide sus
comentarios honestos. Cuando el camino sea difícil,
te recordará por qué estás haciendo esto y su apoyo y

motivación serán invaluables mientras realizas el trabajo difícil de adoptar nuevos hábitos y comportamientos.

TEN PACIENCIA

Solamente porque cambiaste algo no significa que los demás lo harán. Si tu equipo no está acostumbrado a que les preguntes sobre sus vidas fuera del trabajo, no puedes esperar a que te den todos los pormenores la primera vez que les preguntes cómo estuvo su fin de semana. O si realmente nunca les has pedido a tus colaboradores su opinión en asuntos relacionados con el trabajo, no te sorprenda si les toma tiempo responder. Pero no abandones. Estas compitiendo por el gran premio.

IMPORTA EL PORQUÉ, NO QUÉ.

Lo que le importa a la mayoría de tu gente no es qué haces por ellos, sino por qué lo haces. No se trata de los panecillos dulces sorpresa del lunes por la mañana lo que valoran, sino el hecho de que te preocupas lo suficiente como para interrumpir tu camino matutino e ir a comprarlas. Solamente un recordatorio.

TODOS LOS LÍDERES PUEDEN
SER EXCELENTES LÍDERES

Inicié el libro con una oración simple: los líderes importan. Ahora sabes lo que los mejores líderes del mundo hacen y que los demás no y sabes por qué lo hacen. Úneteles. Puedes convertirte en un gran líder con alto nivel de confianza. Éste es tu momento.

LECTURAS RECOMENDADAS

The Great Workplace: How to Build It, How to Keep It, and Why It Matters, por Michael Burchell y Jennifer Robin

The Speed of Trust: The One Thing that Changes Everything, por Stephen M. R. Covey

The Trustworthy Leader: Leveraging the Power of Trust to Transform Your Organization, por Amy Lyman

No Excuses: How You Can Turn Any Workplace into a Great One, por Jennifer Robin y Michael Burchell

Make Their Day! Employee Recognition that Works, por Cindy Ventrice

The Decision to Trust: How Leaders Create High-Trust Organizations, por Robert F. Hurley

AGRADECIMIENTOS

OMENCEMOS DESDE EL PRINCIPIO. QUEREMOS agradecer a Robert Levering por su investigación pionera sobre cómo y por qué los mejores lugares para trabajar del mundo hacen lo que hacen. Robert se dio cuenta, desde el principio, que toda organización puede convertirse en un gran lugar para trabajar y ha dedicado gran parte de su vida laboral a difundir ese mensaje, incluso cuando no era ni popular ni rentable hacerlo.

Hemos sido afortunados de trabajar con algunos líderes verdaderamente inspiradores en el Instituto Great Place to Work y estamos particularmente agradecidos con José Tolovi Jr. por su aliento cuando este libro era solo la semilla de una idea. Gracias también a Michael Bush por articular una visión de un Gran Lugar para Trabajar para Todos, en la que TODOS están inspirados para desarrollar su máximo potencial humano.

Gracias a todos nuestros fantásticos colegas de Great Place to Work en todo el mundo por su entusiasmo y total dedicación hacia nuestra misión de hacer un mundo mejor, avanzando un lugar de trabajo a la vez. Gracias también por su sabiduría y consejos, su apoyo y su amistad. Especialmente tu amistad.

Gracias a los innumerables líderes, colaboradores y organizaciones de todo el mundo que compartieron sus experiencias, opiniones y conocimientos a lo largo de tantos años, lo que nos brindó la oportunidad de comprender mejor el impacto de la confianza en el lugar de trabajo. Sin ti, ¡este libro no existiría!

Se requiere mucho más trabajo y atención a los detalles de lo que jamás imaginamos para llevar un libro a buen término. Estamos agradecidos por el aliento, el apoyo y la dirección de Genoveva Llosa, y por el fantástico equipo de Girl Friday Productions, que incluye a Paul Barrett por su excelente trabajo de diseño y, especialmente, a Karen Upson por unir todo de manera alegre y eficiente. Gracias también a Giselle Chacón Nessi por su ojo crítico y su inestimable consejo.

De Bob: estoy agradecido con mi difunto padre, Paschal, por alentar mi curiosidad, y con mi madre, Ann Lee, por alimentar mi amor por la lectura y una apreciación obsesiva sobre la importancia que tiene un signo de puntuación correctamente colocado. Gracias a mis hijos, Kathy, Stephen, Lily y María, por ser mis fans número uno y, al mismo tiempo, mantener mis pies firmemente en la tierra.

Sobre todo, gracias a mi esposa y mejor amiga, Eileen Devlin, por su apoyo inquebrantable, paciencia infinita y comentarios siempre honestos. Más que nunca, el mundo necesita clarividentes.

De Fernando: Quiero agradecer a la familia Ferrari, a Michelle y a Jorge, que me invitaron a sumarme a esta maravillosa causa que desde entonces me tiene sin dormir. Gracias a todos los que antes que yo, en especial a Bob, han dedicado tiempo y cariño a extender nuestro entendimiento acerca de cómo, cuando estamos en una posición de liderazgo, un simple cambio de creencias seguido de un cambio de hábitos puede resultar en una bocanada de aire fresco para quienes nos rodean.

Las reglas de la confianza es una conversación que por alguna razón tomó la forma de libro. Seguramente, para llegar a ti de forma ordenada y completa. Pero a mi entender no es realmente un libro, es una plática, una plática llena de preguntas retóricas, ejemplos y sugerencias que con seguridad te llevarán hasta el final, sin esfuerzo. A diferencia de lo que sucede con la mayoría de los "Libros sobre liderazgo" que casi sin excepción quedan a medio leer.

La plática con un experto suele ser simple, fascinante y breve. Los libros sobre liderazgo suelen ser rígidos, pretenciosos e interminables.

Las reglas de la confianza, es una plática sin rodeos que cubre las 16 reglas en las que Bob condensa los mejores hallazgos de los años de investigación de Robert Levering y lo mejor de la data recolectada desde la creación del instituto hasta nuestros días.

Nosotros en Great Place to Work México utilizamos las mismas reglas descritas por Bob para delinear el camino que lleva desde un excelente contribuidor individual a un gran líder, evitando el tan común descarrilamiento que la mayoría de las organizaciones padecen en el intento de conseguir un buen gerente a partir de un excelente colaborador individual.

Nuestro instituto administra las listas que año a año dan a conocer Los Grandes lugares para Trabajar en México, lo hacemos en base a cuestionarios desarrollados por nuestro Instituto a nivel mundial y que en muy buena medida no hacen otra cosa que preguntarle a cada colaborador si su líder ha leído, entiende y aplica, este libro.

Por lo general todos llegamos a ser líderes confiables con el tiempo, pero cuanto dolor y sinsabores hubiésemos podido evitarle a quienes nos rodearon si nos hubiéramos tomado con mayor compromiso y de forma más urgente la responsabilidad que nuestra investidura de director o gerente nos confirió el día que la recibimos.

Gracias a María Eugenia Pistacchia a Fran y a Dante por rodearme de ganas de vivir y motivación para superarme. Y un especial afecto para quienes la vida los llevó a trabajar junto a mí. No son pocos y estoy seguro de que cuanto más atrás en el tiempo los busquemos, peor habrá sido su experiencia. Me alegra estar seguro de haber logrado ser una gran persona con la que trabajar, pero puedo recordar a más de uno de mis ex-colaboradores a los que les hubiera gustado que Bob se hubiese apurado más en escribir y publicar este libro. Una sincera disculpa y un fuerte abrazo a todos ellos.

Termino con un especial pedido para ti, lector: lee y aplica este libro cuanto antes, mantenlo a la mano por el tiempo que lo consideres necesario y luego regálaselo con cariño a un nuevo líder y por favor compártenos los pasajes más gratificantes y los otros, en tu camino hacia la creación de un Gran Lugar para Trabajar, a la siguiente dirección de correo: lasreglasdelaconfianza@gmail.com

FUENTES

NOTA SOBRE LOS DATOS DE investigación y resultados detrás de las *Reglas de la confianza:*

Estas dieciséis reglas se basan en respuestas de cerca de dos millones de colaboradores en ocho países alrededor del mundo, de la encuesta Trust Index© de Great Place to Work®.

La encuesta Trust Index© es el punto de partida para las organizaciones comprometidas a construir un mejor lugar para trabajar. Es una de las encuestas de colaboradores más ampliamente utilizadas en el mundo, usada por cerca de 6,000 organizaciones anualmente, lo que representa los puntos de vista y experiencias de aproximadamente veinte millones de colaboradores.

Para obtener mayor información, visita trustrules.com.

1. Robert F. Hurley, "The Decision to Trust," Harvard Business Review (September 2006): 55–62. HBR Reprint Reference R0609B.

2. Thomas Barta, Markus Kleiner, and Tilo Neumann, "Is There a Payoff from Top-Team Diversity?", http://www.mckinsey.com/business-functions/organization/our-insights/is-there-a-pay-off-from-top-team-diversity.

3. Jeff Shore, "Have You Mastered the 3 Rules of Talk:Listen Ratio?", http://jeffshore.com/2015/03/the-talk-listen-ratio-for-sales/.

4. Alan G. Robinson & Dean M. Schroeder, The Idea-Driven Organization: Unlocking The Power In Bottom-Up Ideas (Berrett-Koehler Publishers, 2014), xi.

5. Cindy Ventrice, Make Their Day! Employee Recognition That Works (Berrett-Koehler Publishers, 2009), 189.

6. Vivian Giang, "71% Of Millennials Want their Co-Workers to be a 'Second Family,'" Business Insider (June 15, 2013), http://www.businessinsider.com/millennials-want-to-be-connected-to-their-coworkers-2013-6?IR=T.

ACERCA DE LOS AUTORES

BOB LEE ES UN CONFERENCISTA reconocido a nivel internacional y una fuente frecuente de consulta en materia de creación de lugares para trabajar de alta confianza. Es un líder senior dentro de la comunidad de Great Place to Work—la autoridad global en lo que se refiere a la creación de culturas organizacionales de alta confianza y alto desempeño.

Bob ha representado a Great Place to Work en eventos y conferencias en todo el mundo, compartiendo sus hallazgos y reflexiones sobre cómo las mejores organizaciones del mundo impulsan para sí una ventaja competitiva, alineando su cultura a la de un Gran Lugar para Trabajar.

Director y fundador de Great Place to Work en el Reino Unido e Irlanda, Bob ha desempeñado varias posiciones de liderazgo dentro del Instituto, incluyendo cuatro años al frente de su Comité Global de Asesores.

Bob continúa apoyando a clientes multinacionales desde su rol de Consultor Director en Great Place to Work USA y posee un MBA por la University College Dublin Smurfit Business School.

Fernando J. Rau es Vicepresidente de Innovación en GPTW México; se ha desempeñado durante más de 15 años en funciones directivas de recursos humanos, en Buenos Aires, Santiago de Chile, Nueva York, Ciudad de Panamá y Ciudad de México. Durante su carrera laboral también acumula más de 5 años en tareas de consultoría y 3 como profesor universitario. Es licenciado en Psicología, posee un MBA por la universidad de Palermo, estudios de educación ejecutiva en la universidad INSEAD de Singapur y un diplomado en minería de datos por el TEC de Monterrey.

ACERCA DE GREAT PLACE TO WORK MÉXICO

Great Place to Work México es una consultora espe-
cializada en la creación y el mantenimiento de culturas
de alta confianza y alto desempeño, recientemente ha
presentado a sus clientes y al mercado en general una
serie de productos innovadores que potencian y agilizan
las oportunidades para hacer de cada organización un
mejor lugar para trabajar.

GPTW México, tiene presencia en todo el país
ayudando a las mejores organizaciones a colocar a los
colaboradores y por ende a la cultura organizacional, en
el corazón de la estrategia, analizando lo que piensan y
sienten e identificando los problemas reales que deben
ser atendidos.

Como parte de una organización global, se basa en
datos y conocimientos de más de 10,000 organizaciones
en todo el mundo para comparar el rendimiento individual y asesorar a sus clientes sobre cómo mejorar continuamente el nivel de compromiso y participación de sus
colaboradores, y así ayudarles a desarrollar y mantener
los mejores resultados. Prepara y publica anualmente

las listas de los mejores lugares para trabajar en México, para que las organizaciones con las que trabaja puedan celebrar sus logros, atraer talento e inspirar a otras a mejorar.

Great Place to Work México comparte sus conocimientos a través de redes sociales y publicaciones a nivel nacional, regional y mundial, así como a través de conferencias y eventos.

www.greatplacetowork.com.mx

NOTAS